Inhaltsverzeichnis (1)

Definition Beachte Beispiel

Inhaltsverzeichnis (2)

Definition   Beachte   Beispiel

Inhaltsverzeichnis (3)

Standorte von Grundrechten

BRD	**Art. 1–19 Grundgesetz (GG)** ▪ Formeller Begriff: nur Art. 1–19 GG enthalten Grundrechte ▪ Materieller Begriff: Grundrechte sind ➲ alle Verfassungsnormen, die das Verhältnis des einzelnen Menschen zum Staat in einer für beide Teile verbindlichen Weise regeln (erfasst auch grundrechtsgleiche Rechte, ☞ Art. 20 Abs. 4, Art. 33, 38, 101, 103, 104 GG, vgl. Art. 93 I Nr. 4 a GG)
Länder	**Landesverfassung (LVerf)** ▪ Gelten neben dem GG, sofern in Übereinstimmung mit Art. 1–18 GG Grundrechte gewährleistet werden, vgl. Art. 142 GG ▪ Ländergrundrechte können dabei ausführlicher sein (☞ Recht auf Schutz personenbezogener Daten, Art. 4 II 1 LVerf NRW)
EU	**EU-Grundrechtecharta (GRCh)** – Einzelheiten siehe ⧉ Europarecht ▪ Menschen- und Unionsbürgerrechte ▪ Zu achten von allen Unionsorganen/-institutionen und den Mitgliedstaaten, soweit sie Unionsrecht durchführen, Art. 51 I 1 GRCh
Europa	**Europäische Menschenrechtskonvention (EMRK)** ▪ Menschenrechte inkl. Gerichtsbarkeit (EGMR) ▪ In Deutschland Rang eines einfachen Bundesgesetzes wg. Art. 59 II 1 GG

Funktionen der Grundrechte

Abwehrrecht

Subjektive Rechte zur Abwehr staatlicher Eingriffe durch Gesetz / VA / Urteil / Realakt

Leistungsrecht

Teilhaberecht

An staatlichen Leistungen, insbes. bei Monopolstellungen

☞ Zugang zu staatlich geschaffenen Studienplätzen

Schutzrechte

Anspruch gegen die Exekutive auf Einschreiten; grds. kein Anspruch gegen Legislative

☞ Ermessensreduzierung bei Einweisungsverfügung wegen Obdachlosigkeit

Originäre Leistungsrechte

- Unmittelbar aus dem GG
  ☞ Art. 16 a I, 101 I 2 GG
- Ableitung i.V.m. Verfassungsprinzipien
  ☞ Gewährleistung des Existenzminimums, Art. 1 I i.V.m. Art. 20 I GG

Mitwirkungsrecht

Teilhabe an staatlicher Willensbildung (Art. 38 GG) und Zugang zu öffentlichen Ämtern (Art. 33 II GG)

Arten der Grundrechte

Freiheitsrechte	Gleichheitsrechte	Justizgrundrechte
▪ Handlungsbezogen oder sachbezogen ▪ Begründen primär Handlungsfreiheiten, positiv wie negativ ▪ Subjektives Recht zur Abwehr staatlicher Eingriffe	▪ Subjektives Recht auf staatl. Gleichbehandlung ▪ Derivate Teilhabe- und Leistungsrechte ▪ Anspruch auf Chancengleichheit	▪ Gewährleistung der Möglichkeit von Rechtsschutz ▪ Beachtung bestimmter Verfahrensgrundsätze
▪ Spezielle Freiheitsrechte ☞ Art. 5 I, 8 I, 12 I GG ▪ Allgemeines Freiheitsrecht: Art. 2 I GG	▪ Spezielle Gleichheitsrechte ☞ Art. 3 II, 33 II GG ▪ Allgemeines Gleichheitsrecht: Art. 3 I GG	▪ Rechtsweggarantie, Art. 19 IV GG ▪ Verfahrensgarantien ☞ Art. 101 I 2, 103 I GG

⚠ Abgrenzung erforderlich für Prüfungsreihenfolge (FreiheitsR vor GleichheitsR) und Prüfungsaufbau!

Grundrechtskonkurrenzen

Werden relevant, wenn staatliches Verhalten den **Schutzbereich** mehrerer Grundrechte tangiert

Allgemeine Spezialität

Betroffenes Grundrecht enthält alle Merkmale des allgemeinen Grundrechts und zusätzlich engere Voraussetzungen

→ Allgemeines Grundrecht tritt zurück / wird verdrängt

☞ Art. 8 I GG verdrängt Art. 2 I GG

Einzelfallspezialität

Grundrecht weist die engere sachliche Beziehung zu dem zu prüfenden Sachverhalt auf, steht im Vordergrund

→ Prüfung nur anhand des speziellen Grundrechts

☞ Satire nur anhand von Art. 5 III 1 GG

Anwendungskonkurrenz

Kein Fall der allgemeinen oder Einzelfallspezialität

⚠ Regelfall!

→ Grundrechte werden nebeneinander geprüft

⚠ Mögliche Schrankendivergenz!

Grundrechtsbindung

Betrifft die Frage, gegenüber wem Grundrechtsträger (6 f.) sich auf Grundrechte berufen können

Judikative, Legislative, Exekutive

Bindung (+) bei **hoheitlichem Handeln**

- Auch Beliehene, Verwaltungshelfer
- Träger mittelbarer Staatsgewalt (☞ Gemeinden, Hochschulen)
- Kirchen, bei Ausführung hoheitlicher Aufgaben (☞ Kirchensteuer)

Bindung (+) bei **privatrechtl. Handeln**

- Erfüllung öffentlicher Aufgaben (Verwaltungsprivatrecht)
- Erwerbswirtschaftliche Betätigung und fiskalischem Verhalten

⚠ Ausnahmslose Grundrechtbindung der öffentlichen Hand

Bindung **im In- und Ausland** (+)

- Jedenfalls bei Abwehrrecht wg. Wortlaut Art. 1 III GG (kein territorialer Bezug)
- Anders bei Leistungs-, Teilhabe-, Schutzrechten

Privatpersonen / jur. Personen des PrivatR

- Bindung grds. (–) wg. Funktion der Grundrechte, Wortlaut Art. 1 III GG (h.M.)
- Ausnahme: jur. Personen des Privatrechts, in denen die öffentliche Hand beherrschende Stellung hat (> 50 % Geschäftsanteile)

⚠ Keine Flucht ins Privatrecht!

Nur **mittelbare Drittwirkung der Grundrechte** zwischen Privatpersonen

- Als objektive Wertentscheidungen bei der Auslegung/Fortbildung zivilrechtlicher Vorschriften zu berücksichtigen
- Einbruchstelle: unbestimmte Rechtsbegriffe in zivilrechtlichen Vorschriften

Grundrechtsberechtigung (1)

Grundrechtsfähigkeit: Betrifft die Frage, **wer** sich gegenüber Grundrechtsverpflichteten (5) auf Grundrechte berufen kann (Fähigkeit natürlicher Personen/Personenmehrheiten/jur. Personen, Träger von Grundrechten zu sein)

Natürliche Personen

- Grds. von Geburt bis Tod
- Erweiterungen:
  - Werdendes Leben bzgl. Art. 2 II 1 GG
  - Postmortaler Würdeschutz, Art. 1 I GG

Menschen-/Jedermannrechte

- Grundrechte ohne personelle Schutzbereichsbegrenzung (☞ Art. 2 I GG)
- Grundrechte ohne personalen Bezug (☞ Art. 5 III GG, Art. 14 I GG)

Deutschenrechte

Asyl, Art. 16 a GG

- Grundrechte mit personeller Schutzbereichsbegrenzung (☞ Art. 12 I GG)
- Begriff: Art. 116 I GG
- Ausdehnung auf EU-Ausländer str.

Bei **Minderjährigkeit** der natürlichen Person zusätzlich: **Grundrechtsmündigkeit**

(+), wenn konkret betroffener Minderjähriger die erforderliche Einsichtsfähigkeit in die Tragweite des jeweiligen Grundrechts besitzt (h.M., Theorie der flexiblen Altersgrenze)

Zusätzlich Rückgriff auf Indizien aus GG/gesetzl. Vorgaben (☞ § 5 S. 1 KErzG: 14 Jahre für Art. 4 GG)

Grundrechtsberechtigung (2)

Jur. Personen

des Privatrechts

inländisch

Grundrechtsfähigkeit nach **Art. 19 III GG**

- Juristische Person: weite Auslegung; jede Personenmehrheit, die Zuordnungssubjekt von Rechten ist
- Inländisch: Sitz der Hauptverwaltung maßgeblich
- Dem Wesen nach anwendbar: grundrechtstypische Gefährdungslage

ausländisch

- Grds. Art. 19 III GG (–)
- Ausnahme: Sitz in der EU, dann EU-konforme Auslegung von Art. 19 III GG wg. Art. 49 AEUV

des öffentlichen Rechts

- Grundrechtsfähigkeit grds. (–), Konfusionsargument: Staat kann nicht zugleich Berechtigter und Verpflichteter (Art. 1 III GG) der Grundrechte sein
- Ausnahmsweise (+), wenn jur. Person unmittelbar dem durch die Grundrechte geschützten Lebensbereich zuzuordnen ist
  - Kirchen bzgl. Art. 4 GG
  - Rundfunk bzgl. Art. 5 I 2 Fall 2 GG
  - Universität bzgl. Art. 5 III GG
- Generell (+) bei Justizgrundrechten, Art. 101, 103 GG

Prüfung von Freiheitsgrundrechten (1)

Ggf. als Vorfrage: **Grundrechtsbindung** der eingreifenden Person, insbes. bei gemischtwirtschaftlichen Unternehmen (⧉ 5)!

I. Schutzbereich betroffen

1. Leitbegriff (☞ Versammlung bei Art. 8 I GG)
2. Sachliche Schutzbereichsbegrenzung (☞ friedlich und ohne Waffen bei Art. 8 I GG)
3. Persönliche Schutzbereichsbegrenzung (☞ Deutsche bei Art. 12 I GG)
4. Grundrechtsberechtigung
   - Grundrechtsfähigkeit: Art. 19 III GG bei inländischen juristischen Personen (⧉ 7)
   - Grundrechtsmündigkeit bei natürlichen Personen (⧉ 6)

   Ausführlich zu den Schutzbereichen bei der Darstellung der einzelnen Freiheitsgrundrechte ab *⧉ 19!*

II. Eingriff

- Klassischer Eingriffsbegriff
- Moderner Eingriffsbegriff

Ausführlich zu den Eingriffsbegriffen *⧉ 10 ff.!*

⚠ Stets mit dem Eingriff im klassischen Sinne beginnen!

Prüfung von Freiheitsgrundrechten (2)

III. Verfassungsrechtliche Rechtfertigung

1. Einschränkungsmöglichkeit (sog. Schranke)
   - Verfassungsunmittelbare Schranke (☞ Art. 13 VII Hs. 1 GG)
   - Gesetzesvorbehalt: einfach (☞ Art. 8 II GG) / qualifiziert (☞ Art. 5 II GG)
   - Verfassungsimmanente Schranken: Grundrechte Dritter / andere Werte von Verfassungsrang
2. Eingriff als verfassungsgemäße Konkretisierung der Einschränkungsmöglichkeit (Prüfung der sog. Schranken-Schranken)

Eingriff durch Gesetz

Verfassungsmäßigkeit des Gesetzes

a) Formelle Verfassungsmäßigkeit
   - Gesetzgebungskompetenz und -verfahren (🗗 StaatsorganisationsR)
   - Zitiergebot, Art. 19 I 2 GG

b) Materielle Verfassungsmäßigkeit
   - Vorgaben des qualifizierten Gesetzesvorbehalts
   - Verhältnismäßigkeit
   - Wesensgehaltsgarantie, Art. 19 II GG
   - Verbot des Einzelfallgesetzes, Art. 19 I 1 GG

Eingriff durch anderen Akt (z.B. VA)

↓

Akt bedarf wg. Vorbehalt des Gesetzes (Art. 20 III GG) einer verfassungsgemäßen gesetzlichen Grundlage (← Verfassungsmäßigkeit des Gesetzes)

Grundrechtskonforme Anwendung der gesetzlichen Grundlage
- Verfassungsmäßigkeit des Aktes, insbes. Verhältnismäßigkeit
- Rechtmäßigkeit nur ausnahmsweise prüfen, grds. nicht bei Urteils-Vfb

Eingriff (1)

Klassischer Eingriffsbegriff

➲ Jede finale, unmittelbare, imperative Beeinträchtigung des Schutzbereichs durch staatlichen Rechtsakt

- **Final** = staatliche Maßnahme beabsichtigt Beschränkung grundrechtlicher Freiheiten
- **Unmittelbar** = Grundrechtsbeschränkung folgt hoheitlichem Akt ohne Zwischenursache
- **Imperativ** = verbindliche, mit Befehl oder Zwang durchsetzbare Anordnung
- **Rechtsakt** = staatliche Maßnahme auf Herbeiführung einer Rechtsfolge für den Adressaten gerichtet

☞ Urteil, Verwaltungsakt, Gesetz

⚠ In einer Klausur sollten Sie stets mit dem klassischen (engeren) Eingriffsbegriff beginnen! Dieser lässt sich einfacher feststellen als der Eingriff nach modernem Eingriffsbegriff und liegt in vielen Fällen vor!

Moderner Eingriffsbegriff

➲ Jede Verkürzung des grundrechtlichen Schutzbereichs durch staatliches Verhalten gleich welcher Art

Insbes. bei **mittelbaren Beeinträchtigungen** ist Eingriffsqualität **Wertungsfrage**, hängt von der **Zurechnung** zu staatlichem Verhalten ab (Zurechnungskriterien siehe die nächsten 🗗!)

Eingriff (2)

Moderner Eingriffsbegriff (Fortsetzung)

Kriterien für die Wertungsentscheidung hinsichtlich der Zurechnung

Beeinträchtigung ohne selbstständige Zwischenursache

Grundrechtsbeeinträchtigung folgt unmittelbar aus staatlichem Verhalten, insbes. bei Realakten

☞ Kugel aus Polizeipistole, die unbeabsichtigt unbeteiligten Passanten trifft

Finalität im engeren Sinne

Grundrechtsbeeinträchtigung ist beabsichtigte (oft mittelbare) Folge staatlichen Verhaltens

☞ Kontrollstelle auf dem Weg zu einem Versammlungsort

Finalität im weiteren Sinne

Grundrechtsbeeinträchtigung ist unbeabsichtigte, aber typische und damit vorhersehbare Nebenfolge der staatlichen Handlung

☞ Negative Auswirkungen auf ungefährliche Produkte durch ministerielle Warnerklärung vor gefährlichen Produkten desselben Herstellers

Eingriff (3)

Moderner Eingriffsbegriff (Fortsetzung)

Kriterien (Fortsetzung)

Besonders intensive Beeinträchtigung

(Mittelbare) Folgen des staatlichen Handelns sind besonders gravierend und mit den Folgen eines klassischen Eingriffs vergleichbar

☞ Staatl. Förderung bestimmter Produzenten führt zu Verdrängungs-/Auszehrungswettbewerb

Funktionales Äquivalent

Staatliche Maßnahme ersetzt eine sonst zu erlassende behördliche Anordnung und ändert dadurch die Rahmenbedingungen der Grundrechtsverwirklichung (Intention) oder wirkt in vorhersehbarer Weise besonders schwerwiegend auf das Umfeld der Grundrechtsausübung ein (Intensität)

☞ Behördliche Mitteilungen von Hygieneverstößen in Restaurants

Rechtfertigung – Einschränkungsmöglichkeiten (1)

- Verfassungsunmittelbare Schranken
- Gesetzesvorbehalte
  - einfach
  - qualifiziert
- Verfassungsimmanente Schranken

Verfassungsunmittelbare Schranke

- Verfassungsunmittelbare Schranke bedarf keiner (!) Konkretisierung durch den Gesetzgeber, sondern enthält unmittelbare Eingriffserlaubnis für Exekutive/Judikative, ist „Ermächtigungsgrundlage“ unmittelbar in der Verfassung
- GG enthält nur zwei Grundrechte mit verfassungsunmittelbaren Schranken:
  - Art. 9 II GG
  - Art. 13 VII Hs. 1 GG

Gesetzesvorbehalte

- Einschränkungsmöglichkeit bedarf der gesetzlichen Konkretisierung
- Unterscheide: einfacher oder qualifizierter Gesetzesvorbehalt

Rechtfertigung – Einschränkungsmöglichkeiten (2)

Gesetzesvorbehalte (Fortsetzung)

- **Einfacher Gesetzesvorbehalt** („durch oder aufgrund eines Gesetzes")
  - Keine besonderen Anforderungen an das Gesetz, Konkretisierung durch „irgendein" Gesetz möglich
  - Gesetz kann
    - -- selbst den Eingriff enthalten („durch" Gesetz, ☞ Altersgrenze für Notare, §§ 47 Nr. 1, 48 a BNotO)
    - -- eine Grundlage für einen Eingriff für die Exekutive enthalten („aufgrund eines Gesetzes", ☞ Generalklausel für gefahrenabwehrendes Einschreiten der Polizei)
- **Qualifizierter Gesetzesvorbehalt**
  - Verfassung stellt besondere Anforderungen an das Gesetz (☞ allgemeine Gesetze, Art. 5 II GG)
  - Einhaltung der Vorgaben wird in der materiellen Verfassungsmäßigkeit des Gesetzes vor den sonstigen Schranken-Schranken geprüft
  - Im Übrigen Eingriff durch/aufgrund eines Gesetzes möglich (wie beim einfachen Gesetzesvorbehalt)

Verfassungsimmanente Schranken

- Greifen bei vermeintlich schrankenlos gewährleisteten Grundrechten
- Als kollidierendes Verfassungsrecht und damit verfassungsimmanente Schranken kommen in Betracht:
  - Grundrechte Dritter
  - Andere Güter von Verfassungsrang (z.B. Staatsprinzipien)

  ⚠ Kollidierendes Verfassungsrecht konkret benennen!
- Verfassungsimmanente Schranken bedürfen stets der Konkretisierung durch ein Gesetz!

  ⚠ Wird in Klausuren häufig vergessen!

Rechtfertigung – Schranken-Schranken (1)

Eingriff ist nur gerechtfertigt, wenn die Einschränkungen beachtet worden sind, denen der Gesetzgeber bei der Ausgestaltung der Einschränkungsmöglichkeiten unterliegt (sog. Schranken-Schranken)

Überblick und Prüfungsstandort ⇨ 9

Verbot des Einzelfallgesetzes, Art. 19 I 1 GG

- Anwendungsbereich: nur Grundrechte unter Gesetzesvorbehalt
- Konkretisierung von Art. 3 I GG: Gesetzgeber darf aus einer Reihe gleichgelagerter Sachverhalte nicht willkürlich einen Fall herausgreifen und zum Gegenstand einer Sonderregelung machen
- Verboten jedenfalls Einzel*personen*gesetze, bei denen Rechtsfolge nur bei einer Person/Organisation eintritt; Einzel*fall*gesetze, die nur einen einzigen konkreten Sachverhalt regeln, str.

Zitiergebot, Art. 19 I 2 GG

⚠ Prüfungsstandort str.; nach BVerfG in der formellen, nach h.Lit. in der materiellen Verfassungsmäßigkeit des Gesetzes zu prüfen!

- Anwendungsbereich ursprünglich: alle Grundrechte mit Gesetzesvorbehalt
- Sinn und Zweck:
  - Warn- und Besinnungsfunktion für den Gesetzgeber
  - Klarstellungsfunktion für Gesetzesauslegung/-anwendung

Rechtfertigung – Schranken-Schranken (2)

Zitiergebot, Art. 19 I 2 GG (Fortsetzung)

- Aber restriktive Anwendung des Zitiergebots; gilt deshalb nicht für:
  - vorkonstitutionelle Gesetze (☞ Teile des BGB),
  - nachkonstituionelle Gesetze, die bereits geltende Grundrechtsbeschränkungen unverändert / mit geringen Abweichungen wiederholen (☞ ZPO, StPO, StGB),
  - Gesetze, die verfassungsimmanente Schranken konkretisieren (☞ Art. 4 GG, h.M.),
  - Gesetze, die Grundrecht nicht einschränken, sondern regeln (Regelungsvorbehalt, ☞ Art. 2 I, 12 I GG) oder seinen Inhalt bestimmen (Ausgestaltungsvorbehalt, ☞ Art. 14 I GG),
  - enteignende Gesetze i.S.d. Art. 14 II 2 GG,
  - allgemeine Gesetze i.S.d. Art. 5 II GG.

⚠ Zitiergebot gilt nur noch bei Art. 2 II, 8, 10, 11 und 13 GG!

Bestimmtheitsgebot

- Ableitung aus Art. 20 III GG
- Voraussetzung für Einhaltung durch Bürger und gerichtliche Kontrolle
- Abgestufte Anforderung: Je stärker in grundrechtlich geschützte Bereiche eingegriffen wird, desto deutlicher muss das gesetzgeberische Wollen zum Ausdruck kommen.

  ⚠ Anforderungen müssen nicht wörtlich enthalten sein; genügt, wenn sie sich mit allg. Auslegungsgrundsätzen erschließen lassen

Rechtfertigung – Schranken-Schranken (3)

Verhältnismäßigkeit

- Herleitung: aus dem Wesen der Grundrechte selbst bzw. der Abwehrfunktion (h.M.)
- Prüfung:

Mittel — bezweckt → Vorteil

Mittel — bewirkt → Nachteil

- **Legitimer Zweck**
  - Bezweckter Vorteil muss von der Verfassung gebilligt sein
  - Einschätzungsprärogative des Gesetzgebers; Exekutive muss gesetzlich vorgegebene Zwecke einhalten
- **Geeignetheit**
  - Zweck muss zumindest gefördert werden und erreicht werden können (Grundsatz der Zwecktauglichkeit)
- **Erforderlichkeit**
  - ➲ Kein milderes, gleich geeignetes Mittel (Grundsatz des Interventionsminimismus)
- **Angemessenheit/Verhältnismäßigkeit i.e.S.**
  - ➲ staatl. Maßnahme darf nicht zu einem Nachteil führen, der zum erstrebten Erfolg erkennbar außer Verhältnis steht
    Abwägungsgesichtspunkte: Schwere des Eingriffs, Dringlichkeit des bezweckten Erfolgs, Wertigkeit des beeinträchtigten und des geförderten Rechtsgutes

Nachteil → ← Vorteil

Rechtfertigung – Schranken-Schranken (4)

Wesensgehalt, Art. 19 II GG

- Kerngehalte der Grundrechte dürfen durch keine staatliche Gewalt außer Kraft gesetzt werden
- Jedenfalls verletzt, wenn
  - Menschenwürde bzw. Menschenwürdegehalt des jeweiligen Grundrechts angetastet wird (vgl. „unantastbarer Kern privater Lebensgestaltung“ beim APR, s. 🗗 26),
  - einzelne Grundrechte durch Gesetz oder anderen staatlichen Akt völlig außer Kraft gesetzt werden sollen (☞ gesetzliches Verbot aller Versammlungen)
- Unklar, ob Wesensgehaltsgarantie absolut oder relativ zu bestimmen
  - Nur bei relativem Verständnis ist Rechtfertigung der Antastung des Wesensgehalts denkbar
  - Dann vergleichbar mit strengerer Verhältnismäßigkeitsprüfung

☞ BVerfG sieht Wesensgehalt von Art. 2 II 2 GG bei lebenslanger Freiheitsstrafe nicht verletzt

Schranken-Schranken in der Klausur

- Auf Verhältnismäßigkeit ist in der Prüfung grds. einzugehen
- Übrige Schranken-Schranken in der Klausur nur ansprechen, wenn der Sachverhalt Anlass dazu bietet!

Menschenwürde, Art. 1 I GG (1)

Besonderheiten

- Grundrechtsqualität str., aufgrund Systematik aber zu bejahen
- Hat als oberste Wertentscheidung des GG Spitzenstellung

  ⚠ Bestimmungen des GG sind im Lichte der Menschenwürde zu interpretieren, vgl. Menschenwürdegehalt einzelner Grundrechte, insbes. APR
- Wird durch Ewigkeitsgarantie (Art. 79 III GG) geschützt
- Aus Art. 1 I 2 GG ergibt sich Abwehr- („zu achten") und Leistungskomponente („zu schützen")

Antastung der Menschenwürde

⚠ Abweichender Aufbau ggü. den übrigen Freiheitsgrundrechten!

- Nach **Objektformel**: ➲ Betroffener wird zum bloßen Objekt staatlichen Handelns gemacht
- Nach **Subjektformel** (neuere Rspr. BVerfG): ➲ Betroffener wird einer Behandlung ausgesetzt, die seine Subjektqualität prinzipiell infrage stellt; ist der Fall, wenn die Behandlung des Menschen durch die öffentliche Hand Ausdruck der Verachtung des Wertes, der dem Menschen kraft seines Personseins zukommt, also eine verächtliche Behandlung ist
- Beispielhafte Fallgruppen für Vorliegen einer Antastung der Menschenwürde:
  - Verhinderung elementarer Rechtsgleichheit

    ☞ Systematische/bewusste Diskriminierung aus Gründen der Rasse

Menschenwürde, Art. 1 I GG (2)

Antastung der Menschenwürde (Fortsetzung)

- Verletzung der körperlichen Identität und Integrität
  - ☞ Folter, Misshandlung (vgl. Art. 104 I 2 GG), Todesstrafe (vgl. Art. 102 GG)
- Verletzung der geistig-seelischen Integrität
  - ☞ Gebrauch von Wahrheitsserum, Hypnose (vgl. § 136 a I 1 StPO); lebenslange Freiheitsstrafe ohne Möglichkeit der vorzeitigen Entlassung
- Fehlende Grundabsicherung des Lebens
  - ☞ Verweigerung, Besteuerung oder Kürzung des Existenzminimums, d.h. der materiellen Voraussetzungen, die für physische Existenz und ein Mindestmaß an Teilhabe am gesellschaftlichen, kulturellen oder politischen Leben unerlässlich sind (i.V.m. Sozialstaatsprinzip aus Art. 20 I GG)

⚠ Fallgruppen nicht abschließend (vgl. finaler Rettungsabschuss eines Flugzeugs nach § 14 III LuftSiG a.F.)!

Rechtfertigung

- Schon nach dem Wortlaut nicht vorgesehen („unantastbar", Art. 1 I 1 GG)
- Auch nicht zugunsten verfassungsimmanenter Schranken!

Allgemeine Handlungsfreiheit (1)

Funktionen

Allgemeinstes Freiheitsgrundrecht, kommt als **Auffanggrundrecht** zur Anwendung, wenn

- Schutzbereich von keinem besonderen Freiheitsgrundrecht eröffnet,
- persönliche Schutzbereichsbegrenzung nicht erfüllt (insbes. bei Deutschengrundrechten)

  ⚠ Schutzbereich wird dann im Sinne der Freiheiten der besonderen Freiheitsgrundrechte ausgelegt (insbes. bei Art. 8 I, 9 I, 11, 12 GG)!

Schutzbereich

Trotz Wortlauts des Art. 2 I GG („freie Entfaltung seiner Persönlichkeit") **verhaltensbezogene Auslegung** als **allgemeine Handlungsfreiheit**, umfasst also **jegliches menschliche Verhalten**. Dazu zählen z.B.:

- Vertragsfreiheit
- Ausreisefreiheit
- Ungestörte Teilnahme am Gemeingebrauch
- Freiheit vor Belastungen mit öffentlichen Abgaben (☞ Steuern)
- Freiheit vor öffentlich-rechtlichen Zwangsverbänden (h.M., vgl. 50)

Eingriff

Wegen des weiten Schutzbereichs **eingeschränkter Eingriffsbegriff**: nur finale, unmittelbar an den Bürger adressierte Belastung durch staatliche Maßnahme (nicht zwingend Rechtsakt!)

Allgemeine Handlungsfreiheit (2)

Rechtfertigung

Allgemeine Handlungsfreiheit unterliegt **Schrankentrias**, vgl. Wortlaut Art. 2 I GG

Verfassungsmäßige Ordnung

- Alle formell und materiell verfassungsgemäßen Rechtssätze
  - Entspricht einem einfachen Gesetzesvorbehalt
  - Enthält die Rechte anderer sowie die Sittengesetze

Rechte anderer

Umfasst alle kodifizierten subjektiven Rechte des Einzelnen; Interessen genügen nicht

⚠ Keine eigenständige Bedeutung, da vollumfänglich von der „verfassungsmäßigen Ordnung“ umfasst!

Sittengesetz

- Alle zum Eingriffszeitpunkt für ein geordnetes Zusammenleben als unverzichtbar anerkannten grundlegenden sozial-ethischen Wertvorstellungen

Allgemeines Persönlichkeitsrecht, Art. 2 I i.V.m. Art. 1 I GG (1)

Herleitung

- Entwicklung durch BVerfG aus Kombination Art. 2 I GG mit Art. 1 I GG
- Rahmenrecht, das Persönlichkeitsentfaltung außerhalb des Verhaltens (Art. 2 I GG, s. 21) schützen soll
- Str., ob Ausgestaltungen des Rahmenrechts eigenständige Grundrechte (1. Senat BVerfG) sind oder nur Ausprägungen des Grundrechts APR (2. Senat BVerfG)

Eingriff in den Schutzbereich

⚠ Rahmenrecht wird zweigliedrig geprüft (zum grundsätzlichen Aufbau s. 8 f.)

Rahmenrecht bedarf der Ausgestaltung durch **Fallgruppen**; ermöglicht insbes. Erfassung neuer Gefährdungen für die menschliche Persönlichkeit. Anerkannt sind u.a.:

- **Recht auf informationelle Selbstbestimmung:** ➲ Befugnis des Einzelnen, grds. selbst zu entscheiden, wann und innerhalb welcher Grenzen persönliche Lebenssachverhalte offenbart werden
  - Schutz vor unbegrenzter Erhebung, Speicherung, Verwendung und Weitergabe personenbezogener Daten
  - **Personenbezogene Daten**: keine Beschränkung auf sensible Daten, sondern alle Informationen erfasst, die allein oder gemeinsam mit anderen Daten Rückschlüsse auf die Identität einer bestimmten Person ermöglichen
  - Bereits **Gefährdungsschutz** bei Maßnahmen, durch die weitere Informationen erzeugt werden, aus denen wiederum Schlüsse gezogen werden können (☞ automatische Kennzeichenerfassung)

Allgemeines Persönlichkeitsrecht, Art. 2 I i.V.m. Art. 1 I GG (2)

Eingriff in den Schutzbereich (Fortsetzung)

- **Recht der persönlichen Ehre:** ➲ Recht auf angemessene Selbstdarstellung in der Öffentlichkeit; Schutz vor herabsetzenden, verfälschenden, entstellenden Darstellungen

  ⚠ Insbes. als verfassungsimmanente Schranke für Meinungs- (🗗 35 ff.) und Kunstfreiheit (🗗 41 ff.)!
- **Recht am eigenen Bild:** ➲ Schutz des Einzelnen vor Veröffentlichung von Bildern aus seinem Intimbereich

  ⚠ Nicht auf häusliche Orte beschränkt, gilt auch für sonstige erkennbar abgeschiedene Orte!
- **Weitere Fallgruppen:** Aufzählung ist nicht abschließend, wird vom BVerfG stetig weiterentwickelt
  - Gewährleistung der Vertraulichkeit und Integrität informationstechnischer Systeme (sog. Online-Grundrecht),
  - Recht auf selbstbestimmten Tod,
  - Schutz der geschlechtlichen Identität (bzgl. „drittes" Geschlecht),
  - Recht auf Vergessen

Besonderheit für den **Eingriffsbegriff**:

- Nicht auf klassischen/modernen Eingriffsbegriff abstellen
- Orientierung an der Schutzrichtung der Fallgruppen (s.o., „Schutz vor…")

  ☞ Informationelle Selbstbestimmung: Eingriff liegt grds. in jeder staatlichen Erfassung personenbezogener Daten; Ausnahme, wenn Daten ungezielt und allein technikbedingt zunächst miterfasst, aber unmittelbar nach der Erfassung technisch wieder spurenlos, anonym und ohne zuvor verdichtetes behördliches Interesse gelöscht werden (Kennzeichenerfassung)

Allgemeines Persönlichkeitsrecht, Art. 2 I i.V.m. Art. 1 I GG (3)

Grundrechtsberechtigte

Besonderheiten hinsichtlich der **Grundrechtsfähigkeit** (⧉ 6 f.):

- Beim **postmortalen Persönlichkeitsrecht** über den Tod hinaus („Mephisto")
  - Staatliche Schutzpflicht vor Herabwürdigung oder Erniedrigung endet nicht mit dem Tod, sondern nach Ablauf eines angemessenen Zeitraums (vgl. § 22 S. 3 KunstUrhG)
  - Postmortal wirkt nur Art. 1 I GG; nicht alle APR-Fallgruppen werden erfasst!
- Trotz Menschenwürdegehalts teilweise **juristische Personen** über Art. 19 III GG grundrechtsfähig
  - Keine Anwendung der Ausprägungen, die nicht vom menschlichen Individuum zu trennen sind
  - Dem Wesen nach anwendbar sind aber:
    - Recht am gesprochenen Wort
    - Recht auf informationelle Selbstbestimmung
    - Recht auf Ansehen eines Wirtschaftsunternehmens („guter Ruf"; Abwandlung des Rechts auf persönliche Ehre)

Rechtfertigung

- Schranke
  - Grundsätzlich Rückgriff auf die Schrankentrias des Art. 2 I GG (⧉ 22)
  - Wegen Art. 1 I GG aber Einschränkung der verfassungsmäßigen Ordnung auf Parlamentsgesetze (sog. Parlamentsvorbehalt)

Allgemeines Persönlichkeitsrecht, Art. 2 I i.V.m. Art. 1 I GG (4)

Rechtfertigung (Fortsetzung)

- Schranken-Schranken
  Systematisierung der Verhältnismäßigkeitsprüfung mit Hilfe der **Sphärentheorie**
  - Je schwerwiegender der Eingriff, desto höher die Anforderungen an seine Rechtfertigung; ggf. sogar Rechtfertigung ausgeschlossen
  - Fließender Übergang zwischen den Sphären

  ⚠ BVerfG verwendet Begriff in neuen Entscheidungen nicht mehr; sollte deshalb zurückhaltend verwendet werden!

Privatsphäre: ➲ enger persönlicher Lebensbereich

- Insbesondere innerhalb der Familie
- Eingriffe nur gerechtfertigt, wenn sie im überwiegenden Interesse der Allgemeinheit unter strikter Wahrung des Verhältnismäßigkeitsgrundsatzes erfolgen

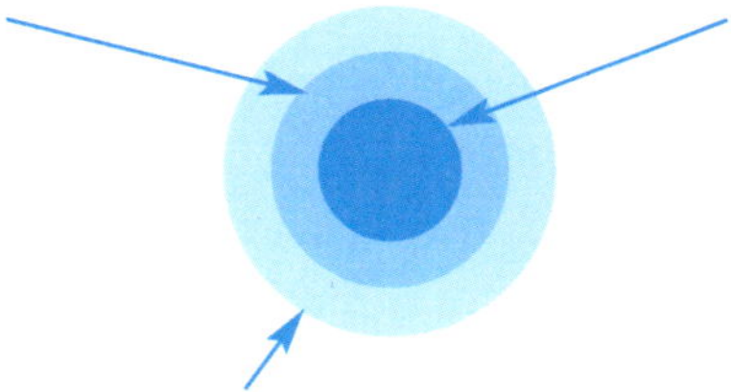

Intimsphäre: ➲ unantastbarer Kernbereich der Persönlichkeit, der jedem Zugriff der öffentlichen Gewalt entzogen ist

- Menschenwürdegehalt des APR
- Eingriff so schwerwiegend, dass Rechtfertigung nicht möglich

Sozialsphäre: ➲ Ansehen des Einzelnen im Bekanntenkreis und in der Öffentlichkeit

- Keine besonderen Anforderungen an die Verhältismäßigkeit

Leben, körperliche Unversehrtheit, Art. 2 II 1 GG (1)

Schutzbereich

Leben

➲ Körperliches Dasein zwischen Nidation (14 Tage nach der Empfängnis) und Hirntod

- **Positiv:** Recht auf Leben ohne staatl. Beeinträchtigung; zusätzlich staatl. **Schutzpflicht**
- **Negativ:** Recht auf selbstbestimmten Tod überwiegend nicht aus Art. 2 II 1 GG, sondern APR (str.)

Körperliche Unversehrtheit

➲ Gesundheit im biologisch-physiologischen sowie im geistig-seelischen Sinn

☞ Schutz vor Verletzungen, Zufügung von Schmerzen, körperlicher und seelischer Folter

Eingriff

Leben

- Tötungshandlungen (☞ finaler Rettungsschuss)
- Lebensgefährdende Maßnahmen (☞ Einsatzpflicht für Feuerwehrbeamte)
- Eingriffe durch Dritte, wenn dem Staat zurechenbar (☞ Abschiebung in Land, in dem Todesstrafe droht)

Körperliche Unversehrtheit

- Verletzung der körperlichen Integrität (☞ Blutentnahme, § 81 a I 2 StPO)
- Verletzung der geistig-seelischen Gesundheit (☞ Folter)
- Eingriff (–) bei
  - Bagatelleingriffen (☞ Haar- und Barterlass der Bundeswehr)
  - Einwilligung (☞ ärztl. Behandlung)

Leben, körperliche Unversehrtheit, Art. 2 II 1 GG (2)

Rechtfertigung

- Einschränkungsmöglichkeit
  - Grundsätzlich einfacher Gesetzesvorbehalt, Art. 2 II 3 GG
  - Modifikation: **Parlamentsvorbehalt**, keine Einschränkung durch untergesetzliche Norm (Erst-Recht-Schluss aus Art. 104 I 1 GG)
- Schranken-Schranken
  - **Verbot der Todesstrafe**, Art. 102 GG

    ⚠ Über Art. 1 I GG auch von Ewigkeitsgarantie (Art. 79 III GG) erfasst!
  - **Misshandlungsverbot** für festgehaltene Personen, Art. 104 I 2 GG
- Sonderfälle
  - **Finaler Rettungsschuss**
    - Bestimmte EGL erforderlich, polizeirechtliche Generalklausel genügt nicht
    - Nur zulässig, wenn einzige Möglichkeit, konkrete und gegenwärtige Gefahr für Leben der Geiseln abzuwenden (ultima ratio)

    ⚠ Kein Verstoß gegen Art. 102 GG, da keine Strafe!
  - **Tötung unschuldiger Menschen** ist generell unzulässig **(Abwägungsverbot)**

    ☞ Abschuss eines entführten Verkehrsflugzeugs

Freiheit der Person, Art. 2 II 2, 104 GG (1)

Schutzbereich

Freiheit der Person: ➲ tatsächliche körperliche Bewegungsfreiheit (Fortbewegungsfreiheit)

- **Fort- und Wegbewegungsfreiheit** unstreitig geschützt
- **Hinbewegungsfreiheit:** ➲ Freiheit, einen bestimmten Ort aufzusuchen zu können, sofern der Ort/Raum im Rahmen der allgemeinen Rechtsordnung (tatsächlich und rechtlich) zugänglich ist

  nach h.M. (+), trotz Abgrenzung zu Art. 11 GG (s. 🗗 55 ff.) ☞ Platzverweis, Wohnungsverweisung mit Rückkehrverbot
- **Negative Fortbewegungsfreiheit:** ➲ Freiheit, einen bestimmten Ort nicht aufsuchen zu müssen

  wird nach h.M. nur erfasst, wenn sich Pflicht auf einen konkreten Zeitpunkt bezieht und sofortige Anwendung unmittelbaren Zwangs zur Durchsetzung der Pflicht droht (☞ Vorladung zur Befragung)

Eingriff

Grds. jede Beeinträchtigung der körperlichen Bewegungsfreiheit, aber **Differenzierung** wegen unterschiedlicher Einschränkungsmöglichkeiten notwendig (vgl. Art. 104 GG):

Freiheitsentziehung	Freiheitsbeschränkung
➲ Beschränkung der körperl. Bewegungsfreiheit auf einen eng umgrenzten Raum für eine mehr als kurzfristige Dauer **(> 30 Minuten)**	➲ Alle Eingriffe, die keine Freiheitsentziehung sind und körperl. Bewegungsfreiheit nur kurzfristig aufheben **(< 30 Minuten)**

Freiheit der Person, Art. 2 II 2, 104 GG (2)

Rechtfertigung

Freiheitsentziehung	Freiheitsbeschränkung

⚠ Aufgrund der Auswirkungen auf die Einschränkungsmöglichkeit kann die Differenzierung zwischen Freiheitsentziehung und -beschränkung auch hier – statt im Eingriff – vorgenommen werden!

1. Einschränkungsmöglichkeit

- Gesetzesvorbehalt (Art. 2 II 3 GG) im Sinne eines **Parlamentsvorbehalts** (Art. 104 I 1 GG)
- Unter Beachtung der im Gesetz beschriebenen **Form** (Art. 104 I 1 Hs. 2 GG): weites Verständnis; erfasst sind Zuständigkeiten, Antragserfordernisse, Fristen etc.

- **Qualifizierter Gesetzesvorbehalt, Art. 104 II–IV GG**
  - Richtervorbehalt, Art. 104 II GG
  - Besonderheiten für U-Haft, Art. 104 III
  - Benachrichtigungspflichten, Art. 104 IV GG

2. Konkretisierung/Schranken-Schranken

- Misshandlungsverbot, Art. 104 I 2 GG
- Verhältnismäßigkeit: ☞ Möglichkeit auf Freilassung auch bei lebenslänglicher Freiheitsstrafe (wg. Art. 1 I GG); Abstandsgebot in der Sicherungsverwahrung

Religions- und Glaubensfreiheit, Art. 4 GG (1)

Schutzbereich

Glaube

➲ die Überzeugung, die der Einzelne von der Stellung des Menschen in der Welt und seinen Beziehungen zu höheren Mächten und tieferen Seinsschichten hat

Ausprägungen der Religions-/Glaubensfreiheit

⚠ Erfasst als **einheitliches Grundrecht der Glaubens-/Bekenntnisfreiheit** jedes glaubens- oder weltanschaulich motivierte Denken, Reden, Handeln!

Positive Freiheiten

- Recht, einen Glauben (nicht zwingend i.S.e. Weltreligion, vgl. Art. 137 VII WRV) zu haben; innere Überzeugungsbildung **(forum internum)**
- Glaubensverwirklichungsfreiheit **(forum externum)**: gesamtes Verhalten/Leben an Glaubensvorstellungen ausrichten = Bekenntnisfreiheit, Art. 4 I Fall 3 GG
  - Unterfall Religionsausübungsfreiheit, Art. 4 II GG: jede spezifische Äußerung des religiösen/weltanschaulichen Lebens

Negative Freiheiten

- Recht, keine Glaubensüberzeugung haben zu müssen
- Recht, gegen die eigene Glaubensüberzeugung verstoßende Handlungen unterlassen zu können
- Recht, Religionsausübung anderer nicht unentziehbar ausgesetzt zu sein

Religions- und Glaubensfreiheit, Art. 4 GG (2)

Schutzbereich (Fortsetzung)

Glaube

Grundrechtsfähigkeit/Grundrechtsmündigkeit

Individuelle Freiheit

- Alle **natürliche Personen** für positive/negative Bestandteile grundrechtsfähig
- **Grundrechtsmündigkeit**: ab 14 Jahren, § 5 KErzG

Kollektive Freiheit

- Recht zur **Bildung von Vereinigungen** zu religiösen Zwecken, Selbstverwaltungsrecht aus Art. 140 GG i.V.m. Art. 137 III WRV (lex specialis zu Art. 9 GG ⇨ 🗗 50 ff.)

  Zweck muss Pflege des religiösen/weltanschaulichen Lebens der Mitglieder sein

  – Juristische Personen des Privatrechts, Art. 19 III GG

  – Auch sonstige verselbstständigte Formen
- Anerkennung als Religionsgesellschaft = Körperschaft des öffentlichen Rechts möglich, Art. 140 GG i.V.m. Art. 137 V 2 WRV

  ⚠ Ausnahme vom Konfusionsargument!

Religions- und Glaubensfreiheit, Art. 4 GG (3)

Eingriff

➲ Jede staatliche Beeinträchtigung des glaubens- und weltanschaulich motivierten Denkens, Redens oder Handelns

- **Denken:** indoktrinierende Beeinflussung der Bildung, des Bestandes weltanschaulicher und religiöser Überzeugungen (☞ schulrechtliche Normen)
- **Reden:** Verpflichtung zur Offenbarung der Religionszugehörigkeit, vgl. Art. 140 GG i.V.m. Art. 136 III WRV
- **Handeln:** jede Verpflichtung zu einem Handeln / Unterlassen gegen eine – als verbindlich empfundene – Glaubensposition des Einzelnen, einer Glaubensgemeinschaft

  ☞ Kopftuchverbot für Lehrerinnen oder Rechtsreferendarinnen, Verbot der Vollverschleierung in der Schule

  ⚠ **Plausibilitätskontrolle:** verbotenes Verhalten muss sich in plausibler Weise dem Schutzbereich des Art. 4 GG zuordnen lassen, also eine als religiös anzusehende Motivation haben ☞ (–) bei der „Kirche des fliegenden Spaghettimonsters“
- Eingriff in die **kollektive Glaubensfreiheit**: parteiergreifende, verfälschende oder diffamierende Warnung vor bestimmten religiösen Sekten; Eingriff (–) bei nur sachlicher Information

Rechtfertigung

h.M.: nur Rechtfertigung zugunsten **verfassungsimmanenter Schranken**, konkret benennen!

☞ negative Religionsfreiheit anderer, Schulfriede als Ausfluss des staatlichen Erziehungsauftrags aus Art. 7 GG, staatliches Neutralitätsgebot, Funktionsfähigkeit der Rechtspflege

⚠ Auch verfassungsimmanente Schranken bedürfen der Konkretisierung durch ein Gesetz!

Gewissensfreiheit, Art. 4 I Fall 2 GG

Schutzbereich

Gewissensentscheidung: ➲ jede ernstliche, an den Kategorien von Gut und Böse orientierte Entscheidung, die der Einzelne in einer bestimmten Lage als für sich bindend und unbedingt verpflichtend innerlich erfährt, sodass er gegen sie nicht ohne Gewissensnot handeln könnte

- **Kriterien** für die **Ernsthaftigkeit**: objektive Plausibilität; Bereitschaft, Nachteile in Kauf zu nehmen; ernsthafte Auseinandersetzung mit möglichen Verhaltensalternativen
- **Reichweite**:
  - forum internum: innerer Prozess der Gewissensbildung und Gewissensentscheidung
  - forum externum: Recht auf Verwirklichung einer Gewissensentscheidung
- lex specialis: Recht zur Kriegsdienstverweigerung, Art. 4 III GG

Eingriff

➲ Jede dem Staat zurechenbare Beeinträchtigung, insbesondere der Gewissensverwirklichungsfreiheit

☞ Sanktion für Weigerung, im Rahmen des Studiums an Tierversuchen teilzunehmen

Rechtfertigung

Verfassungsimmanente Schranken

☞ Gehorsamspflicht von Beamten aus Art. 33 V GG

Meinungsäußerungsfreiheit, Art. 5 I 1 Fall 1 GG (1)

Schutzbereich

- Leitbegriff: **Meinung** ➲ durch Elemente der Stellungnahme und des Dafürhaltens geprägte Äußerungen
  - Generell erfasst: **Werturteile** – unabhängig davon, ob wahr/unwahr, begründet/grundlos, emotional/rational, wertvoll/wertlos, gefährlich/harmlos

    ⚠ Selbst kritische Äußerungen, die pointiert, polemisch und überspitzt ausfallen, sind geschützt (vgl. aber Ausnahme von der Abwägung wg. Schmähkritik, 38)
  - Ebenfalls erfasst: **Tatsachenbehauptungen**, wenn und soweit sie zur Bildung von Meinungen beitragen
  - **Abgrenzung** Werturteil/Tatsachen:
    - Tatsachen sind dem Wahrheitsbeweis zugänglich, Werturteile nicht
    - Trennung tatsächlicher und wertender Bestandteile einer Äußerung durch Auslegung der Äußerung in ihrem Gesamtkontext; in Zweifelsfällen insgesamt Meinungsäußerung
- Geschützte Verhaltensweisen: Kundgabe der Meinung in Wort, Schrift und Bild (keine abschließende Aufzählung, entwicklungsoffen)
- Auch negative Meinungsfreiheit geschützt

Eingriff

Jede staatliche Verhinderung oder Erschwerung der Meinungsäußerung/-verbreitung

Meinungsäußerungsfreiheit, Art. 5 I 1 Fall 1 GG (2)

Rechtfertigung

Einschränkungsmöglichkeit: Schrankentrias aus Art. 5 II GG

Allgemeine Gesetze

➲ solche Gesetze, die nicht eine Meinung als solche verbieten oder sich gegen eine Meinungsäußerung als solche richten, sondern ein anderes Rechtsgut ohne Rücksicht auf eine bestimmte Meinung schützen wollen

Schutz der Jugend

☞ JuSchG

Schutz der persönlichen Ehre

☞ §§ 185 ff. StGB, § 823 BGB

Daneben Einschränkung zugunsten **verfassungsimmanenter Schranken** möglich

- Gilt insbesondere für den Fall, dass Schrankentrias aus Art. 5 II GG nicht einschlägig
- Also auch und gerade zur Rechtfertigung nicht allgemeiner Gesetze

  ☞ § 130 IV StGB

⚠ Meinungsäußerungsfreiheit steht unter einem **qualifizierten Gesetzesvorbehalt**; Einhaltung der Vorgaben muss im Rahmen der verfassungsgemäßen Konkretisierung überprüft werden

Meinungsäußerungsfreiheit, Art. 5 I 1 Fall 1 GG (3)

Rechtfertigung (Fortsetzung)

Verfassungsgemäße Konkretisierung

- Konkretisierung durch ein **Gesetz**
  - Einhaltung der Anforderungen des qualifizierten Gesetzesvorbehalts (s. 36)
  - **Zensurverbot**, Art. 5 I 3 GG: erfasst wird nur die sog. Vorzensur ➲ Verfahren, vor dessen Abschluss die Meinung nicht veröffentlicht werden darf; Nachzensur möglich nach Maßgabe des Art. 5 II GG
  - **Wechselwirkungslehre**
    - Auslegung und Einschränkung des Gesetzes im Lichte des Art. 5 I GG, um Bedeutung der Meinungsfreiheit für den freiheitlich demokratischen Staat Rechnung zu tragen
    - Besondere Ausprägung der Angemessenheit
    - Einhaltung der sonstigen allg. Schranken-Schranken durch das Gesetz (vgl. 15 ff.)
- **Verfassungskonforme Anwendung** des Gesetzes, insbes. durch die Fachgerichte (Straf-/Zivilgerichte)

  ⚠ Mehrstufige Konkretisierung, insbes. relevant im Rahmen der Urteilsverfassungsbeschwerde, s. dazu ausführlich 85

  ☞ Strafrechtliche Verurteilung wg. Beleidigung gemäß § 185 StGB, verfassungskonforme Ausfüllung des Begriffs „Beleidigung"

  - Grds. **Abwägung widerstreitender Grundrechte** (häufig: Meinungsfreiheit vs. Recht der persönlichen Ehre als Ausprägung des APR, s. 24)

Meinungsäußerungsfreiheit, Art. 5 I 1 Fall 1 GG (4)

Rechtfertigung (Fortsetzung)

Verfassungsgemäße Konkretisierung (Fortsetzung)

- **Ausnahme:** keine Abwägung zwischen den Grundrechten, sondern Entscheidung zugunsten des Rechts auf persönliche Ehre
  - **Schmähung (Schmähkritik)** ➲ eine Äußerung hat keinen irgendwie nachvollziehbaren Bezug mehr zu einer sachlichen Auseinandersetzung, es geht bei der Äußerung nur um das grundlose Verächtlichmachen der Person als solcher

    ⚠ Eng zu handhabender Sonderfall, strenge Maßstäbe; kein bloßer Steigerungsbegriff zur Ehrbeeinträchtigung; Anlass und Kontext der Äußerung berücksichtigen!
  - **Formalbeleidigung** ➲ mit Vorbedacht und nicht nur in der Hitze einer Auseinandersetzung verwendete, nach allgemeiner Auffassung besonders krasse, aus sich heraus herabwürdigende Schimpfwörter – etwa aus der Fäkalsprache; kontextunabhängig gesellschaftlich absolut missbilligte und tabuisierte Begrifflichkeit

    ⚠ Nicht vorschnell annehmen; auf einen kleinen Kreis sozial absolut tabuisierter Schimpfwörter beschränkt, die auch bei entsprechendem Kontext nicht mehr als geläufige Ausdrucksmittel von Kritik angesehen werden können
  - **Verletzung der Menschenwürde** ➲ Äußerung richtet sich nicht lediglich gegen einzelne Persönlichkeitswerte, sondern spricht einer konkreten Person den ihre menschliche Würde ausmachenden Kern ihrer Persönlichkeit ab

Informationsfreiheit, Art. 5 I 1 Fall 2 GG

Schutzbereich

- Jedermann-Recht, sich aus öffentlich zugänglichen Quellen zu unterrichten

  ⚠ Information ist die Voraussetzung für das Bilden einer Meinung!

- Sachliche Einschränkung des Schutzbereichs: nur Zugriff auf **öffentlich zugängliche Quellen**
  - Informationsquelle ➲ jeder Träger von Informationen und auch der Gegenstand der Information selbst
  - Allgemein zugänglich ➲ geeignet und bestimmt, einem individuell nicht bestimmbaren Personenkreis Informationen zu verschaffen

    ☞ Bücher, Zeitungen, Massenkommunikationsmittel wie Rundfunk, Fernsehen, Internet

- Nicht allgemein zugänglich und deshalb nicht erfasst: behördlicher Bereich

  Dort nur Auskunftsansprüche kraft einfachen Rechts

  ☞ IFG, UIG

Eingriff

- Informationsvorgang wird unmöglich gemacht oder wesentlich erschwert
- Noch keine wesentliche Erschwerung des Informationszugangs, wenn eine **Gebühr** für Information verlangt wird (☞ Benutzungsgebühr für eine Bibliothek)

Rechtfertigung

Wie Meinungsfreiheit, s. 🗗 36

Presse-, Rundfunk- und Filmfreiheit, Art. 5 I 2 GG

Schutzbereiche

Pressefreiheit

Presse ➲ alle zur Verbreitung geeigneten und bestimmten Vervielfältigungen sowie alle Informationsträger, die nicht unter den Film und Rundfunkbegriff fallen (☞ CD, DVD)

- **Institutsgarantie:** Existenz wird gewährleistet
- **Abwehrrecht:** von Verschaffung der Information bis zur Verbreitung des Produkts
- **Leistungsrecht:** Recht auf Verschaffung von Informationen

Rundfunkfreiheit

Rundfunk ➲ jede an die Öffentlichkeit gerichtete Übermittlung von Gedankeninhalten in Form von physikalischen Wellen

- **Institutsgarantie:** Existenz wird gewährleistet
- **Abwehrrecht:** von Verschaffung der Information bis zur Berichterstattung durch Rundfunk
- **Grundrechtsberechtigte:** ausnahmsweise auch ö-r Rundfunkanstalten

Filmfreiheit

Film ➲ alle Bilderreihen, die zur Darstellung durch einen Projektor geeignet sind

- **Institutsgarantie:** Existenz wird gewährleistet
- **Abwehrrecht:** von Verschaffung der Information bis zur Berichterstattung durch Film

Eingriff und Rechtfertigung

Zum Eingriff s. allgemein 🗗 10 ff., zur Rechtfertigung von Eingriffen in Art. 5 I GG s. 🗗 36 ff.

Kunstfreiheit, Art. 5 III GG (1)

Schutzbereich

Erfassung des **Kunstbegriffs** nahezu unmöglich; allerdings muss begriffliche Annäherung erfolgen, um Schutzbereich beschreiben zu können ⚠ keine ästhetische Kontrolle, staatl. Neutralitätspflicht!

Annäherung über mehrere **Kunstbegriffe**, die nebeneinander anwendbar u. nicht abschließend sind

Formeller Kunstbegriff

Kunst (+), wenn das Werk Strukturmerkmale aufweist, aufgrund derer es einem bestimmten Werktyp (☞ Malerei, Bildhauerei, Dichtung, Parodie, Karikatur, Theaterspiel usw.) zugeordnet werden kann

Materieller Kunstbegriff

Kunst (+), wenn das Werk das geformte Ergebnis einer freien schöpferischen Gestaltung ist, in dem der Künstler seine Eindrücke, Erfahrungen und Erlebnisse zu unmittelbarer Anschauung bringt und das auf kommunikative Sinnvermittlung nach außen gerichtet ist

Offener Kunstbegriff

Kunst (+), wenn das Werk interpretationsfähig und -bedürftig sowie vielfältigen Interpretationen zugänglich ist; m.a.W. dem Werk immer neue und andere Bedeutungen, Sinnbezüge und formale Qualitäten entnommen werden können, das Werk also nie zu Ende zu interpretieren ist

Schutzbereich erfasst nicht nur Kunst als solche, sondern den **Werkbereich** (künstlerische Betätigung) und den **Wirkbereich** (Darbietung des künstlerischen Werkes und öffentliche Verbreitung)!

Kunstfreiheit, Art. 5 III GG (2)

Eingriff

Keine Besonderheiten, allgemein s. 🗗 10 ff.

Rechtfertigung

Einschränkungsmöglichkeit

- Keine ausdrückliche Einschränkungsmöglichkeit in Art. 5 Abs. 3 GG geregelt
- Art. 5 Abs. 2 GG gilt wegen seiner Stellung nur für Grundrechte des Art. 5 Abs. 1 GG
- Folge: nur **verfassungsimmanente Schranken** (häufig: Recht der persönlichen Ehre als Fallgruppe des APR, Art. 2 Abs. 1 i.V.m. Art. 1 Abs. 1 GG, s. 🗗 24)

Verfassungsgemäße Konkretisierung

Verfassungsgemäßes Gesetz → **Verfassungsgemäße Anwendung**

Verfassungsgemäßes Gesetz

- §§ 1004, 823 BGB
- §§ 185 ff. StGB

Verfassungsgemäße Anwendung

- i.d.R. durch ein Gericht
- Normalfall: Abwägung, Herstellung praktischer Konkordanz
- Ausnahmen: Schmähung, Formalbeleidigung, Verletzung der Menschenwürde (s. 🗗 38 f.)

Wissenschaft und Lehre, Art. 5 III GG

Schutzbereich

- Leitbegriff: **Wissenschaft** ist Oberbegriff, bezieht sich auf Forschung und Lehre
  - **Wissenschaft** ➲ alles, was nach Inhalt und Form als ernsthafter planmäßiger Versuch zur Ermittlung der Wahrheit anzusehen ist
  - **Forschung** ➲ geistige Tätigkeit mit dem Ziel, in methodischer, systematischer und nachprüfbarer Weise neue Erkenntnisse zu gewinnen
  - **Lehre** ➲ systematisch angelegte Verbreitung des Erkannten
- Gewährleistungen
  - Objektiv: **wertentscheidende Grundsatznorm**, Schaffung eines geeigneten rechtlichen Rahmens, Sicherstellung eines funktionstüchtigen Wissenschaftsbetriebs (☞ Bereitstellung finanzieller Mittel)
  - Subjektiv: **Abwehrrecht** gegen staatl. Einwirkung auf den Prozess der Gewinnung/Vermittlung wissenschaftlicher Erkenntnisse – ⚠ Auch ggü. Institutionen der eigenen Universität!
- **Grundrechtsberechtigte:** Forschende und Lehrende, aber auch Universitäten als juristische Personen des öffentlichen Rechts – ⚠ Ausnahme vom Konfusionsargument!
- **Sachliche Schutzbereichsbeschränkung:** Treue zur Verfassung, Art. 5 III 2 GG

Eingriff und Rechtfertigung

- Eingriff: keine Besonderheiten, allg. s. 🗗 10 ff.
- Rechtfertigung – Einschränkungsmöglichkeit: nicht Art. 5 II GG (Systematik), sondern verfassungsimmanente Schranken

Ehe und Familie, Art. 6 GG (1)

Schutzbereich

- **Leitbegriffe**
  - Ehe ➲ Vereinigung einer Frau und eines Mannes zu einer auf Dauer angelegten Lebensgemeinschaft, begründet auf dem freien Entschluss unter Mitwirkung des Staates, in der Frau und Mann in gleichberechtigter Partnerschaft zueinander stehen und über die Ausgestaltung des Zusammenlebens frei entscheiden können

    Nicht vom verfassungsrechtlichen Ehebegriff erfasst:

    -- Verbindungen gleichgeschlechtlicher Personen (trotz § 1353 I BGB)

    -- Namens-, Aufenthalts-, Scheinehen

    -- Nichteheliche Lebensgemeinschaften
  - Familie ➲ umfassende Gemeinschaft der Eltern mit ihren Kindern

    ⚠ Leitbegriffe sind nicht nur soziale, sondern rechtliche Begriffe, die – ausnahmsweise – vom einfachen Gesetzgeber definiert und ausgestaltet werden müssen (ähnlich bei Art. 14 I GG, s. 63 ff.)
- **Gewährleistungen**
  - Institutsgarantie: Ehe und Familie können nicht abgeschafft werden; Kernbereich des Ehe- und Familienrechts muss unangetastet bleiben
  - Schutz- und Förderanspruch: Pflicht des Staates, wirksamen Schutz vor Beeinträchtigungen von Ehe und Familie durch Dritte zu gewährleisten; Ehe und Familie müssen gefördert, dürfen bevorzugt werden
  - Benachteiligungsverbot: Benachteiligungen Ehegatten ggü. Ledigen, Eltern ggü. Kinderlosen, Ehe ggü. anderen Erziehungs-/Lebensgemeinschaften sind untersagt

    ⚠ Besonderer Gleichheitssatz (zu den Gleichheitsrechten 70 ff.)

Ehe und Familie, Art. 6 GG (2)

Eingriff

- Jede staatliche Maßnahme, die Ehe und Familie schädigen, stören oder sonst beeinträchtigen kann

  ☞ Anknüpfung negativer Folgen an Eheschließung

- Da Ehe/Familie zumindest auch Rechtsbegriffe sind, stellt nicht jede Regelung von Ehe/Familie einen Eingriff dar; auch ausgestaltende Regelung möglich

  ☞ § 1357 I BGB

  ⚠ Ausgestaltende Norm ist ihrerseits an Art. 6 I GG zu messen und nur dann verfassungsgemäß, wenn sich konkrete Ausgestaltung am (derzeit geltenden) verfassungsrechtlichen Ehe- und Familienbegriff nach Art. 6 I GG als Institutsgarantie/wertentscheidender Grundsatznorm orientiert!

Rechtfertigung

- Einschränkungsmöglichkeit: vorbehaltslos gewährleistet, Einschränkung nur zugunsten verfassungsimmanenter Schranken
- Verfassungsgemäße Konkretisierung: Institutsgarantie sowie Art. 6 I GG als wertentscheidende Grundsatznorm als besondere Schranken-Schranke zu beachten

Schulwesen, Art. 7 GG

Schule ➲ organisierte, auf eine Mindestdauer angelegte Einrichtung, in der unabhängig vom Wechsel der Lehrer und Schüler durch planmäßige gemeinschaftliche Unterweisung in einer Mehrzahl von Gegenständen bestimmte Lern- und Erziehungsziele vermittelt werden

Öffentliche Schule ➲ Schule, deren Träger das Land, Gemeinden oder andere jur. Personen des ÖR sind

Staatliche Schulaufsicht, Art. 7 I GG

⚠ Trotz Stellung **kein Grundrecht**, sondern obj. Gewährleistung und Einrichtungsgarantie!

- Staat ist zur **Organisation, Planung, Leitung und Beaufsichtigung des Schulwesens** berechtigt und verpflichtet
  - ☞ Errichtung/Schließung von Schulen, Bestimmung der Fächer und des Unterrichtsinhalts, Auswahl von Schulbüchern
- „Aufsicht" meint vollumfängliches Recht des Staates (aufgrund der Kompetenzverteilung: der jeweiligen Bundesländer) auf dem Gebiet des Schulwesens
- Kann als Recht auf „Wahrung des Schulfriedens" als kollidierendes Verfassungsrecht zur Rechtfertigung von Eingriffen in Art. 4 GG der Schüler herangezogen werden, 🗗 33

Grundrechte aus Art. 7 GG

- Abmeldung vom Religionsunterricht durch Erziehungsberechtigte, Art. 7 II GG – spezielle Ausprägung der Religionsfreiheit, Art. 4 GG
- Religion als ordentliches Unterrichtsfach, Art. 7 III 1 GG – spezielle Ausprägung der Religionsfreiheit, Art. 4 GG
- Recht für Lehrer, keinen Religionsunterricht erteilen zu müssen, Art. 7 III 2 GG – spezielle Ausprägung der Religionsfreiheit, Art. 4 GG
- Privatschulfreiheit, Art. 7 IV, V GG
  - Insbes. Recht auf Gründung, Art. 7 IV 1 GG
  - Institutsgarantie

Versammlungsfreiheit, Art. 8 GG (1)

Schutzbereich

- **Versammlung** ➲ örtliche Zusammenkunft von mind. 2 Personen (h.M.) zur gemeinsamen Meinungsäußerung/-bildung, öffentliche Angelegenheiten betreffend (enger Versammlungsbegriff, h.M.)
- Schutzbereichsbeschränkungen
  - Persönlich: Deutschengrundrecht, vgl. Art. 116 I GG
  - Sachlich
    - Friedlich ➲ Unfriedlich, wenn Versammlung einen gewalttätigen/aufrührerischen Verlauf nimmt, wobei nur aggressive Einwirkungen von einiger Erheblichkeit als gewalttätig anzusehen sind
    - Ohne Waffen ➲ Waffen im technischen Sinne (vgl. § 1 WaffG) sowie sonstige Gegenstände, die zur Personenverletzung oder zu erheblichen Sachbeschädigungen objektiv geeignet sind und subjektiv zu diesem Zweck mitgeführt werden (☞ Baseballschläger, Eisenketten)
- Schutzbereich erfasst nicht nur Versammlung als solche, sondern viele andere **Ausprägungen**

Vor der Versammlung	Versammlung	Teilnehmer
Vorfeldschutz: Schutz vor ▪ Blockade der Anreise ▪ Vorfeldmaßnahmen der Polizei ☞ Polizeikontrollen, Maßnahmen gegen Camp	▪ Stattfinden ▪ Selbstbestimmungsrecht bzgl. Art und Weise, d.h. Ort, Zeit, Inhalt ⚠ Im öffentl. Raum, kein Betretungsrecht	▪ Teilnahme ▪ Meinungsäußerung ▪ Innere Versammlungsfreiheit: gegen Maßnahmen mit abschreckender Wirkung ☞ Videoüberwachung, Tornado-Überflug

Versammlungsfreiheit, Art. 8 GG (2)

Eingriff

Keine Besonderheiten (allgemein s. 10 ff.)

Rechtfertigung

Einschränkungsmöglichkeit

Versammlung unter freiem Himmel	Versammlung in geschlossenen Räumen
➲ solche Versammlungen, bei denen freier Zugang zum Versammlungsort möglich ist, die deshalb in der unmittelbaren Auseinandersetzung mit der unbeteiligten Öffentlichkeit stattfinden (Merkformel: keine Begrenzung nach außen)	➲ solche Versammlungen, bei denen eine Zugangsregulierung stattfindet und die deshalb ohne Außeinandersetzung mit der unbeteiligten Öffentlichkeit stattfinden
↓ Einfacher Gesetzesvorbehalt, Art. 8 II GG	↓ Verfassungsimmanente Schranken

⚠ Keine reine Wortlautauslegung, sondern Auslegung nach Sinn und Zweck der Vorschriften!

Versammlungsfreiheit, Art. 8 GG (3)

Rechtfertigung (Fortsetzung)

Einfacher Gesetzesvorbehalt, Art. 8 II GG	Verfassungsimmanente Schranken

Versammlungsgesetze

- Versammlungsgesetz des Bundes nach Art. 125 a I 1 GG, sofern jeweiliges Bundesland (noch) kein eigenes Versammlungsgesetz erlassen hat
- Landesversammlungsgesetz, sofern existent (so in Bay, Nds, Sachs, LSA, S-H, in NRW bei Drucklegung noch im Gesetzgebungsverfahren; Sonderfall Berlin: dort nur eine Vorschrift zur Videoüberwachung friedlicher Versammlungen, i.Ü. Verweis auf VersammlG Bund)
- Für die Prüfung der VHMK: Versammlungsfreiheit ist neben Meinungsfreiheit eines der **demokratiekonstituierenden Grundrechte** – hoher Stellenwert muss insbes. bei der Angemessenheit berücksichtigt werden!

Grundrechtskonkurrenz zu Art. 5 I 1 Fall 1 GG

Grds. besteht Anwendungskonkurrenz (s. 🗗 4); Beurteilung ausnahmsweise nur:

- nach Art. 8 I GG, wenn Maßnahme gegen Versammlung als solche gerichtet (☞ Versammlungsverbot)
- nach Art. 5 I 1 Fall 1 GG, wenn Maßnahme gegen die Meinungskundgabe oder eine bestimmte Art der Kundgabe gerichtet ist (☞ Verbot des Verteilens von Flugblättern)

Vereinigungsfreiheit, Art. 9 I GG (1)

Schutzbereich

- Leitbegriff: **Verein** ➲ jede privatrechtliche (h.M.) Vereinigung, zu der sich eine Mehrheit (mind. 2, h.M.) natürlicher oder privatrechtlicher juristischer Personen/nicht rechtsfähiger Gemeinschaften für längere Zeit zu einem gemeinsamen Zweck freiwillig zusammengeschlossen und einer organisierten Willensbildung unterworfen hat
  - Weitestgehend identisch mit Vereinsbegriff aus § 2 VereinsG
  - Keine Vereinigungen i.S.d. Art. 9 I GG sind (vgl. auch § 2 II VereinsG):
    - Parteien und Fraktionen wg. Spezialregelungen in Art. 21, 38 GG
    - Kirchen und Religionsgesellschaften wg. Spezialregelung in Art. 140 GG i.V.m. Art. 137 WRV

  ⚠ Auch Vereine i.S.d. Art. 9 II GG fallen in den Schutzbereich!
- Grundrechtsträger
  - Deutschengrundrecht, Art. 116 I GG
  - Mitglieder der Vereinigung (individuelle Vereinigungsfreiheit)
  - Vereinigung selbst (kollektive Vereinigungsfreiheit)
- Gewährleistungen
  - Für Mitglieder
    - Positive Vereinigungsfreiheit: Gründung, Beitritt
    - Negative Vereinigungsfreiheit: Fernbleiben, Austritt

      ⚠ Fernbleiben von ö-r Zwangsverbänden wird nach h.M. nicht erfasst, fallen unter Art. 2 I GG!
  - Für Vereinigung: Existenz

Vereinigungsfreiheit, Art. 9 I GG (2)

Eingriff

- Alle hoheitlichen Beeinträchtigungen der Mitglieder/Vereinigung von der Gründungs- bis zur Auflösungsphase (nach allg. Eingriffsbegriffen, vgl. 10 ff.)
  ☞ Vereinsverbot nach Art. 9 II GG i.V.m. § 3 I 1 VereinsG
- Keine Eingriffe sind die aufgrund der Verwendung des rechtl. Begriffs „Verein" notwendig werdenden einfachgesetzlichen Ausgestaltungsvorschriften

Rechtfertigung

- Einschränkungsmöglichkeit aus **Art. 9 II GG**
  - Seiner Formulierung nach Einordnung als **verfassungsunmittelbare Schranke** möglich; Verbot soll aber nicht konstitutiv, sondern erst nach Anwendung durch zuständige Behörde wirksam werden, deshalb faktisch wie qualifizierter Gesetzesvorbehalt
  - Gründe für Vereinsverbot (abschließend!):
    - Zweck/Tätigkeit laufen Strafgesetzen zuwider: Beurteilung anhand Satzung, Beschlüssen und tatsächlichem Verhalten, wobei durch Mitglieder verwirklichte strafbare Handlung Verein zugerechnet werden muss
    - Richtet sich gegen die verfassungsmäßige Ordnung: aggressiv-kämpferische Haltung gegen Menschenrechte oder demokratische Grundprinzipien (☞ Mehrparteien-Prinzip, Opposition)
    - Richtet sich gegen Gedanken der Völkerverständigung: Verein zielt auf die Störung des Friedens unter den Völkern und Staaten (vgl. auch Art. 26 I 1 GG)
- Im Übrigen Einschränkung zugunsten verfassungsimmanenter Schranken möglich

Koalitionsfreiheit, Art. 9 III GG

Schutzbereich

- Leitbegriff: **Koalition** ➲ freiwilliger und privatrechtlicher Zusammenschluss von Arbeitnehmern/Arbeitgebern, deren Zweck die Wahrung und Förderung der Arbeits- und Wirtschaftsbedingungen und die dabei unabhängig, gegnerfrei, durchsetzungsfähig und überbetrieblich ist
- Grundrechtsträger
  - Keine persönliche Schutzbereichsbeschränkung
  - Auch Beamte erfasst!
- Gewährleistungen
  - Gründung einer Koalition, Betätigung in der Koalition, aber auch Fernbleiben aus einer Koalition
  - Kollektives Recht der Koalition (☞ Gewerkschaften und Arbeitgeberverbände beim Abschluss von Tarifverträgen)

Eingriff

Alle staatlichen oder privaten (Art. 9 III 2 GG) Maßnahmen, durch die geschützte Betätigungen verkürzt oder ausgeschlossen werden

Rechtfertigung

- Art. 9 II GG gilt aufgrund systematischer Stellung nicht für Koalitionsfreiheit
- Einschränkung nur zugunsten verfassungsimmanenter Schranken (☞ Streikverbot für Beamte gerechtfertigt zugunsten hergebrachter Grundsätze des Berufsbeamtentums, Art. 33 V GG)

Brief-, Post- und Fernmeldegeheimnis, Art. 10 GG (1)

Schutzbereich

Briefgeheimnis	Postgeheimnis	Fernmeldegeheimnis

Postgeheimnis:

Schutz der Vertraulichkeit aller brieflich, fernmeldetechnisch oder auf sonstiger Art durch die staatliche Postverwaltung abgewickelten Kommunikations-, Transport- und sonstigen Dienstleistungsvorgängen

⚠ Brief- und Fernmeldegeheimnis miterfasst, solange Sendung im Herrschaftsbereich der Post; Bindung der privaten Nachfolgeunternehmen nach Auflösung der Deutschen Bundespost nur noch über die mittelbare Drittwirkung der Grundrechte (str.)

Briefgeheimnis:

Brief ➲ jede die mündliche Kommunikation ersetzende schriftliche Mitteilung in beliebiger Schrift- und Vervielfältigungsart

Fernmeldegeheimnis:

Umfasst die unkörperliche Übermittlung individueller Kommunikation mit Hilfe von Fernmeldeeinrichtungen auf der Basis irgendeiner Übertragungstechnik

Gewährleistungen: Schutz des Inhalts der Kommunikation sowie der näheren Umstände des Kommunikationsvorgangs (☞ Verkehrsdaten, d.h. wer mit wem kommuniziert)

Brief-, Post- und Fernmeldegeheimnis, Art. 10 GG (2)

Eingriff

- Jede Kenntnisnahme oder Speicherung des Inhalts oder der Daten der geschützten Kommunikation durch staatliche Gewalt
- Auch bei Erhebung und Weitergabe der Daten durch **private Telekommunikationsanbieter**, sofern durch die staatliche Gewalt als Hilfsperson bei der Aufgabenerfüllung eingesetzt (☞ § 113 a I TKG)
- Kein Eingriff in Art. 10 GG beim Zugriff auf im Herrschaftsbereich des Empfängers gespeicherte Daten (☞ Online-Durchsuchung, zu messen am APR, s.o. 24)

Rechtfertigung

Gesetzesvorbehalt, Art. 10 II 1 GG

Zusätzliche Anforderungen:

- Richtervorbehalt bei schwerwiegenden Maßnahmen
- Benachrichtigungspflicht (Umkehrschluss aus Art. 10 II 2 GG)
- Hohe Bestimmtheitsanforderungen hinsichtlich Erhebungs- und Verwendungszweck

Erweiterung: **Staatsschutzklausel**, Art. 10 II 2 GG

- Voraussetzungen:
  - Genannte Rechtsgüter bilden „Staatsschutz“
  - „Dienen“ meint Vorverlagerung; präventive Abwehr im Vorfeld und zur Vorbereitung polizeilicher Gefahrenabwehr
- Folgen
  - Keine Benachrichtigungspflicht
  - Keine gerichtliche Kontrolle, Überprüfung durch Parlamentarisches Kontrollgremium

⚠ Nach h.M. verfassungskonform!

Freizügigkeit, Art. 11 GG (1)

Schutzbereich

- Leitbegriff: **Freizügigkeit** ➲ Möglichkeit, an jedem Ort innerhalb des Bundesgebiets den Wohnsitz oder den Aufenthalt zu nehmen
  - Wohnsitz ➲ ständige Niederlassung an einem Ort mit dem Willen, den Ort auf Dauer zum Mittelpunkt des Lebens zu machen (vgl. auch § 7 Abs. 1 BGB)
  - Aufenthalt ➲ vorübergehendes Verweilen an einem anderen Ort, sofern eine gewisse Mindestdauer (Faustformel: 24 Stunden) nicht unterschritten wird; Aufenthaltsort muss dabei eine identitätsbezogene Relevanz besitzen (h.M., relevant bei der Wohnungsverweisung nach LPolG)
- Ausprägungen
  - Positiv
    - Recht, Wohnsitz und Aufenthalt zu wechseln
    - Einwanderungsfreiheit („Wohnsitz")
    - Einreisefreiheit („Aufenthalt")

      ⚠ Ausreisefreiheit nicht über Art. 11 GG, sondern Art. 2 I GG geschützt!
  - Negativ
    - Grds. Recht, einen Ortswechsel nicht vornehmen zu müssen
    - Ausnahme: kein Recht zum Verbleib an Orten, an denen Regelungen zur Bodenordnung oder Bodennutzung einem Daueraufenthalt entgegenstehen (☞ Tagebaugebiete)
- Grundrechtsträger
  - Deutschengrundrecht, Art. 116 I GG
  - Anwendung auf EU-Ausländer str. (vgl. Freizügigkeit nach Art. 21 AEUV, s. 🗗 Europarecht)

Freizügigkeit, Art. 11 GG (2)

Eingriff

- Grds. gelten die allgemeinen Grundsätze für Grundrechtseingriffe (s. 10 ff.)
- Typischer Eingriff in Art. 11 GG: final, unmittelbar kraft imperativen Rechtsaktes veranlasste staatliche Behinderung der freien Wahl des Aufenthalts und des Wohnsitzes

  ☞ Aufenthaltsverbot, Wohnungsverweisung, Rückkehrverbot
- Kein Eingriff, wenn an einem bestimmten Ort jedermann der Aufenthalt oder die Wohnsitznahme untersagt ist

Rechtfertigung

- Einschränkungsmöglichkeit
  - Qualifizierter Gesetzesvorbehalt, Art. 11 II GG

    ⚠ Restriktive Auslegung der zu verfolgenden Ziele!
  - Trotz Wortlauts nach h.M. Parlamentsvorbehalt
- Konkretisierung
  - Grds. Ausgestaltung durch Bundesgesetz wg. Kompetenz in Art. 73 I Nr. 3 GG
  - Ausnahme: Kriminalvorbehalt in Art. 11 II letzter Fall GG („um strafbaren Handlungen vorzubeugen") wird durch die Gefahrenabwehrvorschriften der Länder umgesetzt

Berufsfreiheit, Art. 12 GG (1)

Schutzbereich

- Leitbegriff: **Beruf** ➲ jede auf gewisse Dauer angelegte Tätigkeit zur Schaffung und Erhaltung einer Lebensgrundlage (str., ob verbotene Tätigkeiten erfasst)

  ⚠ Auch öffentlicher Dienst / staatl. gebundene Berufe erfasst (beachte aber Art. 33 GG)!
- Gewährleistungsgehalt:
  - Art. 12 I GG
    - Freie Wahl des Berufes
    - Freie Wahl des Arbeitsplatzes
    - Freie Wahl der Ausbildungsstätte
    - Freie Berufsausübung

    → Einheitliches Grundrecht der Berufsfreiheit
    - Wettbewerbsfreiheit (h.M.)
  - Art. 12 II GG: Verbot des Zwangs zu bestimmten Arbeiten
  - Art. 12 III GG: Verbot der Zwangsarbeit
  - Art. 12 I i.V.m. Art. 3 I GG: Teilhaberecht an staatlichen Ausbildungsleistungen mit Monopolcharakter
- Grundrechtsträger
  - Deutschengrundrecht, Art. 116 I GG
  - Über Art. 19 III GG auch auf inländische juristische Personen anwendbar, insbes. als Recht auf wirtschaftliche Betätigung / Wettbewerbsfreiheit

Berufsfreiheit, Art. 12 GG (2)

Eingriff

- Eingriff in die Berufsfreiheit
  - Klassisch: staatliche Rechtsakte, die sich unmittelbar und imperativ auf die berufliche Betätigung beziehen und diese unmittelbar zum Gegenstand haben (subj. berufsregelnde Tendenz)
  - Modern: faktisch mittelbare Rechts-/Realakte, wenn die Auswirkungen in einem engen Zusammenhang mit der Ausübung der Berufsfreiheitsrechte stehen (obj. berufsregelnde Tendenz)
- Eingriff in die Wettbewerbsfreiheit
  - Staatl. Maßnahme führt zu Auszehrungs- oder Verdrängungswettbewerb, Monopolstellung
  - Durch staatl. Informationshandeln insbes. bei Vorliegen eines funktionalen Äquivalents (s. 12)

    ☞ Veröffentlichung von Hygieneverstößen in lebensmittelverarbeitenden Betrieben und Restaurants

Rechtfertigung

- Einschränkungsmöglichkeit
  - Wortlaut: Gesetzesvorbehalt für Berufsausübung, Art. 12 I 2 GG
  - Aber: aufgrund Zusammenfassung des Schutzbereiches **einheitlicher Gesetzesvorbehalt** sowohl für Berufswahl- als auch für Berufsausübungsregelungen

    ⚠ Aufbau: Differenzierung wird teilweise bereits hier vorgenommen; vorzugswürdig erscheint Darstellung bei der verfassungsgemäßen Konkretisierung!

Berufsfreiheit, Art. 12 GG (3)

Rechtfertigung (Fortsetzung)

- Verfassungsgemäße Konkretisierung
  - Grds. gelten allgemeine Schranken-Schranken (s. 🗗 15 ff.)
  - Besonderheit: Prüfung der VHMK nach Drei-Stufen-Theorie

1. Stufe	2. Stufe	3. Stufe
Berufsausübung „Wie“	Berufswahl („Ob“)	
	Subj. Zulassungsmerkmal	Obj. Zulassungsmerkmal
↓	↓	↓
Jedes legitime Ziel	Ziel: wichtiges Gemeinschaftsgut	Ziel: überragend wichtiges Gemeinschaftsgut

Erläuterungen siehe nächste 🗗!

Berufsfreiheit, Art. 12 GG (4)

Rechtfertigung (Fortsetzung)

- -- Hintergrund der Drei-Stufen-Theorie: Regelungsbefugnis aus Art. 12 I 2 GG ist umso freier, je mehr reine Ausübungsregelungen getroffen werden, umso enger, je mehr auch Berufswahl betroffen!
- -- Umsetzung: unterschiedliche Anforderungen an den legitimen Zweck (je nach Eingriffsstufe), im Übrigen unveränderte VHMK-Prüfung (geeignet, erforderlich, angemessen)
- -- Einzelbegriffe:
  - **Berufsausübungsregelung** ➲ Regelung beschränkt die Modalitäten einer beruflichen Tätigkeit; zugunsten vernünftiger Erwägungen des Gemeinwohls gerechtfertigt, sofern übrige Voraussetzungen der VHMK gewahrt
  - **Subjektives Zulassungsmerkmal** ➲ Berufszugang knüpft an von der Person des Bewerbers abhängige und für diese grundsätzlich erfüllbare Voraussetzungen an; zulässig, um ein wichtiges Gemeinschaftsgut, das der Freiheit des Einzelnen vorgeht, zu schützen
  - **Objektives Zulassungsmerkmal** ➲ Berufszugang knüpft an Bedingungen, die von der persönlichen Qualifikation des Bewerbers unabhängig sind und von diesem nicht beeinflusst werden können; zulässig nur zur Abwehr nachweisbarer/höchstwahrscheinlicher Gefahren für ein überragend wichtiges Gemeinschaftsgut

- Sonderregeln für öffentlichen Dienst und staatlich gebundene Berufe
  - -- Reduzierung der Berufsfreiheit auf Recht des gleichen Zugangs zu öffentlichen Ämtern, Art. 33 II GG
  - -- Politische Treuepflicht der Beamten, Art. 33 V GG

Wohnung, Art. 13 GG (1)

Schutzbereich

- Leitbegriff: **Wohnung** ➲ jeder Raum, den der Einzelne der allgemeinen Zugänglichkeit entzieht und zum Ort seines Lebens und Wirkens bestimmt (weite Auslegung)
  - Auch zur Wohnung gehörende Nebenräume (Keller, Böden, etc.), Hotelzimmer, Krankenhauszimmer, Wohnmobile geschützt
  - Auch Betriebs- und Geschäftsräume, h.M.
  - Nicht geschützt: Gemeinschaftsunterkünfte für Soldaten/Polizisten, Hafträume, Amtsräume und Autos
- Grundrechtsberechtigte
  - Unmittelbarer Besitz entscheidend
  - Str., wenn Besitz durch verbotene Eigenmacht erlangt, nach h.M. (–)

⚠ Art. 13 GG dient der räumlichen Absicherung der Persönlichkeitsentfaltung (APR)!

Eingriff

- Generelle Eingriffsbegriffe (vgl. 🗗 10 ff.) grds. verwendbar
- Zum Teil bereits hier Prüfung der verschiedenen Eingriffsarten/-intensitäten (vgl. 🗗 62)

Verfassungsrechtliche Rechtfertigung

Einschränkungsmöglichkeiten: Art. 13 GG ist das Grundrecht mit der unübersichtlichsten Schrankensystematik – von verfassungsunmittelbarer zur verfassungsimmanenten Schranke

⚠ Einschränkungsmöglichkeit hängt von der Eingriffsart/-intensität ab!

Wohnung, Art. 13 GG (2)

Verfassungsrechtliche Rechtfertigung (Fortsetzung)

Durchsuchung ➲ Betreten einer Wohnung nebst Suchhandlungen, um Personen/Sachen zu finden, Sachverhalt aufzuklären	Qual. Gesetzesvorbehalt, Art. 13 II GG ▪ Grds. Richtervorbehalt ▪ Gesetzlich bestimme Stelle bei Gefahr im Verzug
Einsatz technischer Mittel („Lauschangriff“) zur Überwachung ▪ aus repressiven Gründen ▪ aus präventiven Gründen ▪ zur Sicherung verdeckter Ermittler	Qual. Gesetzesvorbehalt in Art. 13 III–V GG und ▪ Benachrichtigungspflicht wg. Art. 19 IV GG ▪ Keine Datenerhebungen im unantastbaren Bereich privater Lebensgestaltung wg. Art. 1 I GG
Sonstige Eingriffe	▪ Verfassungsunm. Schranke, Art. 13 VII Hs. 1 GG ▪ Qual. Gesetzesvorbehalt, Art. 13 VII Hs. 2 GG
Nachschau in Betriebs- und Geschäftsräumen	h.M.: ungeschriebener Gesetzesvorbehalt: ▪ Besondere gesetzliche Grundlage ▪ Zweck der Nachschau erkennbar ▪ Betretung zu üblichen Geschäftszeiten

Eigentum, Art. 14 GG (1)

Schutzbereich

Eigentum ist nichts Natürliches, sondern ein Rechtsbegriff, der von der Rechtsordnung ausgefüllt wird.

⚠ Schutzbereich wird ausnahmsweise durch einfaches Recht definiert!

Eigentum ➲ Summe der vom Gesetzgeber zu einem bestimmten Zeitpunkt gewährten vermögenswerten Rechte, die dem Einzelnen im Sinne eines Ausschließlichkeitsrechts zugeordnet sind

Institutsgarantie: „Das Eigentum und das Erbrecht werden gewährleistet."

Private vermögenswerte Rechte, z.B.

- Sacheigentum (§ 903 BGB)
- Dingliche Rechte
- Besitz
- Vorkaufsrecht
- Baufreiheit
- Versorgungsausgleich
- Eingerichteter und ausgeübter Gewerbebetrieb (str.)

ö-r Vermögenspositionen

- (+), soweit sie vorwiegend Äquivalent einer eigenen Leistung sind (☞ Rentenanwartschaft, Arbeitslosengeldanspruch)
- (–), soweit sie vorwiegend auf staatlicher Gewährung beruhen (☞ Subventionen, Zuschüsse, Sozialhilfe, BAföG)

NICHT GESCHÜTZT

- Chancen, Erwartungen, Hoffnungen
- Rechtswidrig erlangte Positionen
- Auferlegung von Geldzahlungspflichten (☞ Steuern oder Geldstrafen)

Eigentum, Art. 14 GG (2)

Eingriff

- Durch **unmittelbare** (gesetzliche oder administrative) **Regelung**
  - Entzug einer geschützten Position
  - Beschränkung der geschützten Nutzung, Verfügung oder Verwertung
- Durch **faktische und mittelbare Einwirkungen**, wenn dadurch die Nutzung, Verfügung oder Verwertung von geschützten Eigentumspositionen in erheblichem Umfang behindert wird

Rechtfertigung

Einschränkungsmöglichkeit

Inhalts- und Schrankenbestimmung (Art. 14 I 2, II GG)	Enteignung (Art. 14 III GG)
Gesetz legt **generell-abstrakt Rechte und Pflichten** bzgl. Eigentum i.S.d. Art. 14 I 1 GG fest	▪ Gesetz entzieht ganz / teilweise konkrete Eigentumsrechte (**Legalenteignung** – selten) oder ▪ Gesetz ermächtigt Verwaltung, konkrete Eigentumsrechte zu entziehen (**Administrativenteignung**, ☞ §§ 85 ff. BauGB, §§ 19 f. FStrG)

Problem: Abgrenzung!
Erfolgt anhand der Intention des Gesetzgebers, die mit dem konkreten Gesetz verfolgt wird

Eigentum, Art. 14 GG (3)

Rechtfertigung (Fortsetzung)

Inhalts- und Schrankenbestimmung	**Enteignung**

Abgrenzung

Klassischer Enteignungsbegriff

- Vollständige/teilweise Entziehung konkreter durch Art. 14 GG geschützter Rechtspositionen
- Zur Erfüllung öffentlich-rechtlicher Aufgaben
- **Güterbeschaffung** zugunsten der öffentlichen Hand / eines sonst Enteignungsbegünstigten

Wenn (–), dann

Inhalts- und Schrankenbestimmung

Konkretisierung

Angemessener Ausgleich zwischen Eigentum, Sozialpflichtigkeit (Art. 14 II GG) und Gleichbehandlung (Art. 3 I GG)

Ggf. Kompensation durch ausnahmsweise zu gewährenden Ausgleich (sog. **ausgleichspflichtige ISB**)

Enteignung zum Wohle der Allgemeinheit gegen Entschädigung (Junktimklausel, Art. 14 III 2 GG) vorgesehen; besondere Berücksichtigung von Art. 19 IV GG bei Legalenteignung, da kein Rechtsweg gegen Gesetz vorgesehen

Ausbürgerung, Auslieferung, Art. 16 GG

Schutzbereich

- Leitbegriff: **Staatsangehörigkeit** ➲ Mitgliedschaft im Staatsverband, rechtliche Voraussetzung für die staatsbürgerlichen Rechte und Pflichten, die zugleich Grundlage des Gemeinwesens sind
- Gewährleistungsgehalt
  - Schutz vor Entziehung der Staatsangehörigkeit, Art. 16 I 1 GG
  - Schutz vor Verlust der Staatsangehörigkeit, Art. 16 I 2 GG
  - Schutz vor Auslieferung, Art. 16 II GG
- Grundrechtsträger: Deutsche i.S.d. Art. 116 I GG

Eingriff

- Entziehung der Staatsangehörigkeit ➲ Verlust der Staatsangehörigkeit gegen/ohne den Willen des Betroffenen, wenn der Betroffene diesen nicht oder nicht auf zumutbare Weise beeinflussen/vorhersehen kann und deshalb sein Vertrauen in die Verlässlichkeit der Staatsangehörigkeit enttäuscht wird (h.M.)
  ⚠ Keine Rechtfertigungsmöglichkeit, vgl. Art. 16 I 1 GG!
- Verlust der Staatsangehörigkeit ➲ jeder Wegfall der Staatsangehörigkeit, der nicht Entziehung ist
- Auslieferung ➲ auf Ersuchen einer zuständigen Stelle bewirkte zwangsweise amtliche Überantwortung einer Person aus dem Bereich der inländischen Hoheitsgewalt an eine ausländische Hoheitsgewalt

Rechtfertigung

- Verlust: Gesetzesvorbehalt, Art. 16 I 2 GG ⚠ Schranken-Schranke: keine Staatenlosigkeit
- Auslieferung: qual. Gesetzesvorbehalt, Art. 16 II 2 GG

Asylrecht, Art. 16 a GG (1)

Schutzbereich

- Leitbegriff: **politisch Verfolgte**
  - Verfolgung ➲ Betroffener wird durch Beeinträchtigung von Rechtsgütern in eine ausweglose Lage gebracht
    - -- Beeinträchtigung muss eine die Menschenwürde verletzende Intensität erreichen, es sei denn, es werden gezielt Leben, Leib oder persönliche Freiheit verletzt
    - -- Kann alle Lebensbereiche treffen (religiös, kulturell, wirtschaftlich)
  - Gegenwärtig: Verfolgung darf weder mehrere Jahre zurückliegen, noch darf eine Rückkehr verfolgungsfrei möglich sein
  - Politisch ➲ Verfolgung muss mit Auseinandersetzungen um die Gestaltung und Eigenart der allgemeinen Ordnung des Zusammenlebens von Menschen und Menschengruppen und von einem Träger überlegener, i.d.R. hoheitlicher Macht ausgehen
- Grundrechtsträger:
  - Ausländer oder Staatenlose (keine Deutschen i.S.d. Art. 116 I GG)

    ⚠ Ausschluss, wenn über Mitgliedstaat der EU oder sicheren Drittstaat eingereist, Art. 16 a II 1 GG (sog. Drittstaatenregelung)!
  - Keine juristischen Personen

Eingriff

- Alle aufenthaltsverweigernden und -beendenden Maßnahmen gegenüber geschützten Personen
- Auch durch eine das Asylgrundrecht nicht hinreichend wahrende Verfahrensgestaltung

Asylrecht, Art. 16 a GG (2)

Rechtfertigung

- Einschränkungsmöglichkeit
  - Festlegung sicherer Herkunftsstaaten = qual. Gesetzesvorbehalt, Art. 16 a III 1 GG
    - ⚠ Vermutungsregelung in Art. 16 a III 2 GG
  - Beschränkung des Rechtsschutzes = qual. Gesetzesvorbehalt, Art. 16 a IV 2 GG
- Konkretisierung: insbes. durch AsylG
- Besonderheit: Vorrangregelung zugunsten völkerrechtlicher Verträge, Art. 16 a V GG (völkerrechtliche Öffnungsklausel)

Petitionsrecht, Art. 17 GG

Schutzbereich

- Leitbegriff: **Petition** ➲ formloser Antrag an staatliches Organ, etwas Bestimmtes zu tun/zu unterlassen
  - Unterscheidung nach Zielrichtung
    - Beschwerde: ➲ Beanstandungen, die sich gegen ein Handeln oder Unterlassen von staatlichen Organen, Behörden und sonstigen Einrichtungen, die öffentliche Aufgaben wahrnehmen, wenden
    - Bitte: ➲ Forderungen und Vorschläge, die auf ein Handeln oder Unterlassen von staatlichen Organen, Behörden und sonstigen Einrichtungen, die öffentliche Aufgaben wahrnehmen, gerichtet sind
  - Unterscheidung nach Adressat
    - Legislativpetition: richtet sich an Volksvertretungen (Bundestag, Landtage)
    - Verwaltungspetition: richtet sich an den zuständigen Verwaltungsträger
      - Dienstaufsichtsbeschwerde: richtet sich gegen das persönliche Verhalten eines Beamten
      - Fachaufsichtsbeschwerde: richtet sich gegen den sachlichen Inhalt einer Maßnahme
      - Gegenvorstellung: zielt auf Änderung oder Aufhebung einer Verwaltungsmaßnahme
- Grundrechtsträger: alle natürlichen und juristischen Personen („jedermann")

Eingriff

allg. Grundsätze, s. 🗗 10 ff.

Rechtfertigung

Einschränkungsmöglichkeit

- Grds. nur verfassungsimmanente Schranken
- Besonderer Gesetzesvorbehalt bei Wehr- und Ersatzdienst, Art. 17 a I GG

Arten der Gleichheitsrechte

Einordnung der Gleichheitsrechte in…

Besondere Gleichheitsrechte

- Schützen vor besonderen Ungleichbehandlungen
- Knüpfen dabei an besondere Situation oder besonderes Differenzierungskriterium an
- Besondere Gleichheitsrechte sind:
  - Ungleichbehandlung von Mann und Frau, Art. 3 II 1 GG
  - Ungleichbehandlung wegen Geschlecht, Abstammung, Rasse, Sprache, Heimat, Herkunft, Glauben, religiöser/politischer Anschauungen, Art. 3 III 1 GG
  - Benachteiligung wegen Behinderung, Art. 3 III 2 GG
  - Gleichbehandlungsgebot für nichteheliche Kinder, Art. 6 V GG
  - Gleiche staatsbürgerliche Rechte (und Pflichten), Art. 33 I GG
  - Gleicher Zugang zum öffentlichen Amt, Art. 33 II GG
  - Allgemeinheit und Gleichheit der Wahl, Art. 38 I 1 GG (s. Staatsorganisationsrecht)

⚠ Strenge Anforderungen an die Rechtfertigung, aber keine absoluten Diskriminierungsverbote!

Allgemeiner Gleichheitssatz, Art. 3 I GG

Allgemeiner Gleichheitssatz, Art. 3 I GG (1)

Ggf. als Vorfrage: **Grundrechtsbindung** der eingreifenden Person (vgl. 🗗 5), insbes. bei gemischtwirtschaftlichen Unternehmen!

I. Ungleichbehandlung

1. Vergleichspaar bilden

   Gleichbehandlung nur bei **wesentlich gleichem Sachverhalt** erforderlich

   ⚠ Sorgfältig bestimmen; Weichenstellung für die weitere Lösung!

   - Vergleichsmerkmale erarbeiten
   - Gemeinsamen Bezugspunkt bzw. Oberbegriff finden

Vergleichspaar 1	Vergleichspaar 2

2. Ungleichbehandlung bzw. Gleichbehandlung durch grundrechtsgebundene Organe
   - 1. Fall: Ungleichbehandlung wesentlich gleicher Sachverhalte
   - 2. Fall: Gleichbehandlung wesentlich ungleicher Sachverhalte

⚠ *Ungleichbehandlung vglb. mit „Eingriff in den Schutzbereich“ bei Freiheitsgrundrechten, löst Rechtfertigungserfordernis aus!*

Allgemeiner Gleichheitssatz, Art. 3 I GG (2)

II. Rechtfertigung

⚠ BVerfG verknüpft Willkürformel und Neue Formel zu einem **stufenlosen Übergang:** „Aus dem allgemeinen Gleichheitssatz ergeben sich je nach Regelungsgegenstand und Differenzierungsmerkmalen unterschiedliche Grenzen für den Gesetzgeber, die von gelockerten auf das Willkürverbot beschränkten Bindungen bis hin zu strengen Verhältnismäßigkeitserfordernissen reichen können."

1. Willkür-Formel: Ungleichbehandlung ist sachlich gerechtfertigt, wenn es (irgend-)einen sachlichen Grund für die Ungleichbehandlung gibt
2. Neue Formel
   a) Zulässiges Differenzierungs**ziel**

   Zweck, der mit der Ungleichbehandlung im Ergebnis verfolgt/erreicht werden soll (entspricht „legitimem Zweck" i.S.d. Verhältnismäßigkeitsprüfung)

   b) Zulässiges Differenzierungs**kriterium**

   - Kriterium, mit dem die Differenzierung aufgrund der Entscheidung des Gesetzgebers durchgeführt wird
   - Gewähltes Kriterium bestimmt Anforderungen an die VHMK (umso strenger, je näher sich das Kriterium den in Art. 3 II, III GG aufgezählten Kriterien annähert)

   c) Verhältnismäßigkeit (s. 🗗 17)

Besondere Gleichheitsrechte

I. Ungleichbehandlung

- Anknüpfungspunkte und Vergleichsmerkmale anhand der Vorgaben aus dem besonderen Gleichheitsgrundrecht vorgegeben
- Jeweiliges Gleichheitsgrundrecht einschlägig, wenn Ungleichbehandlung unter Rückgriff auf genannte Merkmale (☞ Herkunft, Art. 3 III 1 GG) oder in Bezug auf zu gewährleistende Gleichheit (☞ Gleichheit der Wahl, Art. 38 I 1 GG) erfolgt
- Alle Arten der Diskriminierung werden erfasst (h.M.)
  - Unmittelbare Diskriminierung ➲ Regelung knüpft an die Merkmale an, die im besonderen Gleichheitsgrundrecht geregelt sind (☞ Abstammung, Art. 3 III 1 GG)
  - Mittelbare Diskriminierung ➲ Regelung knüpft an Merkmale an, die nicht in den besonderen Gleichheitsgrundrechten benannt sind, führt aber überwiegend bzw. typischerweise zu einer unterschiedlichen Behandlung der in den besonderen Gleichheitsgrundrechten benannten Merkmalsträger

II. Rechtfertigung

- Besondere Gleichheitsrechte sind keine absoluten Gleichheitsrechte, eine Rechtfertigung ist also – unter strengen Voraussetzungen – möglich
- Rechtfertigung denkbar zugunsten
  - kollidierenden Verfassungsrechts (verfassungsimmanente Schranken),
  - sonstigen, Gewicht und Eigenart des betroffenen Merkmals entsprechenden besonders schwerwiegenden Gründen

Justizgrundrechte (1)

Justizgrundrechte garantieren rechtsstaatliche Ausgestaltung des Rechtsschutzes und bestimmen Grenzen richterlicher Gewalt. Finden sich in Art. 19 IV GG und als grundrechtsgleiche Rechte in Art. 101, 103, 104 GG.

Rechtsweggarantie, Art. 19 IV GG

- Voraussetzungen
  - Akt öffentlicher Gewalt ➲ jede Wahrnehmung staatlicher Verwaltungsaufgaben durch die vollziehende Gewalt
    - Judikative nicht erfasst (h.M.), Schutz durch, nicht gegen den Richter
    - Legislative nicht erfasst (h.M.)
    - Aber Rechtssetzungen der Exekutive (Rechtsverordnungen, Satzungen)
  - Mögliche Verletzung subjektiver Rechte
    - Subjektive Rechte ➲ solche Rechtspositionen, die der Gesetzgeber nicht nur im Interesse der Allgemeinheit, sondern (zumindest auch) im Interesse der Einzelnen gewährt
    - Mögliche Verletzung genügt, darf jedenfalls nicht von vornherein ausgeschlossen sein
- Folgen
  - Begründet kein Recht auf rechtliches Gehör – entsteht erst während des Verfahrens, Art. 103 I GG
  - Anspruch auf vollständige, wirksame gerichtliche Überprüfung; begründet als Vorstufe auch Dokumentations- und Begründungspflichten zur Ermöglichung gerichtlicher Überprüfung; Ausnahmen:
    - Materielle Präklusion: kein Berufen mehr auf Rechtsverletzung (☞ § 10 III 5, 6 BImSchG)
    - Bindende Vorentscheidungen von Behörden
    - Ermessens- und Beurteilungsspielräume (s. VwGO)

Justizgrundrechte (2)

Rechtsweggarantie, Art. 19 IV GG (Fortsetzung)

– Anspruch auf effektiven Rechtsschutz: Gewährleistung des Rechtsschutzes binnen angemessener Zeit
  ☞ Vorwegnahme der Hauptsache bei Erlass einer einstweiligen Anordnung nach § 123 VwGO

Gesetzlicher Richter, Art. 101 I 2 GG

- Richter ➲ jeder durch staatlichen Akt zum Richter ernannte oder bestellte Amtsträger, soweit er spezifisch richterliche Tätigkeiten ausübt

  ⚠ Auch der Gerichtshof der Europäischen Union als organisatorische Einheit ist gesetzlicher Richter!
- Gesetzlich bestimmt: konkrete Zuständigkeit muss abstrakt-generell geregelt sein (Geschäftsverteilungspläne der Gerichte), Regelung muss sich dabei auf ein Gesetz zurückführen lassen
- Entziehung
  – Anderer als der an sich zuständige Richter zieht die Sache zur Entscheidung an sich
  – Gerichtliche Entscheidung verstößt gegen grundlegende Verfahrensprinzipien bzw. ist willkürlich
  – Befangener Richter entscheidet

Prozessgrundrechte, Art. 103 GG

- Anspruch auf rechtliches Gehör, Art. 103 I GG: Recht zum Vorbringen rechtlicher und tatsächlicher Argumente im Prozess; Recht auf Information, Äußerung und Berücksichtigung durch das Gericht
- Rückwirkungsverbot/Bestimmtheitsgebot für Strafgesetze, Art. 103 II GG (s. Strafrecht AT)

Verfassungsbeschwerde – Prüfungsschema (1)

Hier wird zunächst nur der grobe Prüfungsgang dargestellt; Einzelheiten auf den folgenden ⧉ !

Zulässigkeit

I. Rechtsweg, Zuständigkeit des BVerfG, Art. 93 I Nr. 4 a GG, § 13 Nr. 8 a BVerfGG

II. Beteiligtenfähigkeit, § 90 I BVerfGG

III. Prozess- und Postulationsfähigkeit

IV. Tauglicher Beschwerdegegenstand: Akt öffentlicher Gewalt, § 90 I BVerfGG

- Rechtssatzverfassungsbeschwerde bei Legislativakten
- Urteilsverfassungsbeschwerde bei Judikativakten
- Exekutivaktverfassungsbeschwerde (beachte Subsidiarität!)

⚠ Art der Verfassungsbeschwerde unbedingt ausdrücklich benennen!

V. Beschwerdebefugnis, § 90 I BVerfGG

1. Mögliche Grundrechtsverletzung
2. Beschwerdeführer selbst, gegenwärtig, unmittelbar betroffen

VI. Rechtswegerschöpfung, § 90 II 1 BVerfGG

VII. Grundsatz der Subsidiarität

VIII. Frist, § 93 BVerfGG

IX. Form, §§ 23, 92 BVerfGG

X. Rechtsschutzbedürfnis

Verfassungsbeschwerde – Prüfungsschema (2)

Begründetheit

- Rechtssatzverfassungsbeschwerde: Verfassungswidrigkeit des angegriffenen Rechtssatzes
- Urteilsverfassungsbeschwerde
  - Normfehler: Verfassungswidrigkeit des Rechtssatzes, der der Entscheidung zugrunde liegt
  - Anwendungsfehler

    ⚠ BVerfG ist keine Superrevisionsinstanz, prüft also nur die Verletzung spezifischen Verfassungsrechts!

    -- Anwendungsdefizit

    -- Fehlbewertung

    -- Verletzung von Justizgrundrechten

Verfassungsbeschwerde – Zulässigkeit (1)

I. Rechtsweg, Zuständigkeit des BVerfG

Für die Individualverfassungsbeschwerde gemäß Art. 93 I Nr. 4 a GG, § 13 Nr. 8 a BVerfGG

II. Beteiligtenfähigkeit

„Jedermann" = jede grundrechtsfähige Person

- Alle natürlichen Personen
- Juristische Personen nach Art. 19 III GG (s. 7)

⚠ Prüfung der Voraussetzungen des Art. 19 III GG entweder hier oder in der Beschwerdebefugnis!

III. Prozess-/Postulationsfähigkeit (nur bei Anlass prüfen!)

- Prozessfähigkeit ➲ Fähigkeit des Beschwerdeführers, selbst Verfahrenshandlungen vor dem BVerfG vorzunehmen = **Grundrechtsmündigkeit** (s. 6)
- Postulationsfähigkeit ➲ Fähigkeit, wirksam Prozesshandlungen im Rahmen der Verfassungsbeschwerde vornehmen zu können; Prozessvertreter nur in der mdl. Verhandlung erforderlich, § 22 I 1 Hs. 2 BVerfGG

IV. Tauglicher Beschwerdegegenstand

- Sowohl aktives Tun als auch Unterlassen erfasst, arg. e §§ 92, 95 I BVerfGG
- Unterscheidung nach tätig werdender Gewalt
  - Rechtssatzverfassungsbeschwerde: alle Rechtsnormen im formellen und materiellen Sinn

Verfassungsbeschwerde – Zulässigkeit (2)

IV. Tauglicher Beschwerdegegenstand (Fortsetzung)

- Urteilsverfassungsbeschwerde: gerichtliche Entscheidungen, wobei Wahlrecht des Beschwerdeführers, ob nur letztinstanzliche oder alle Entscheidungen angefochten werden sollen
- Exekutivaktverfassungsbeschwerde: Maßnahmen der vollziehenden Gewalt (☞ Verwaltungsakt)
  ⚠ Nur denkbar, wenn Ausnahme vom Subsidiaritätsgrundsatz (§ 90 II BVerfGG) greift!

- Grds. nur Akte der deutschen Staatsgewalt; **EU-Akte** nur, wenn
  - Absinken des Grundrechtsstandards (Solange-Formel)
  - Kompetenzüberschreitender, ausbrechender Rechtsakt (ultra-vires-Kontrolle)
  - Eingriff in deutsche Verfassungsidentität (Identitätskontrolle), s. Europarecht

V. Beschwerdebefugnis

- Möglichkeit einer Grundrechtsverletzung ➲ Verletzung des Grundrechts darf nicht von vornherein offensichtlich ausgeschlossen sein
  ⚠ Hier alle Grundrechte nennen, die in Betracht kommen – „Prüfprogramm“ für die Begründetheit!
- Ungeschrieben: Beschwerdeführer ist selbst, gegenwärtig und unmittelbar betroffen
  - **Selbst**
    - Beschwerdeführer kann grds. nur Verletzung eigener Grundrechte geltend machen (Verhinderung von Popularverfassungsbeschwerden)
    - Ausnahme: Partei kraft Amtes
      - Prozessstandschaftliche Geltendmachung fremder Grundrechte im eigenen Namen
      - Denkbar insbes. bei Prozessunfähigkeit des Betroffenen (☞ Verfahrenspfleger, § 317 FamFG)

Verfassungsbeschwerde – Zulässigkeit (3)

V. Beschwerdebefugnis (Fortsetzung)

- **Gegenwärtig** ➲ schon oder noch vom Akt öffentlicher Gewalt betroffen
  - -- Schon: grds. Verhinderung vorbeugender Verfassungsbeschwerden, Ausnahmen:
    - Zustimmungsgesetz zu völkerrechtlichem Vertrag
    - Später nicht rückgängig zu machende Dispositionen
    - Gesetz ermächtigt zu heimlichen Maßnahmen: spätere Betroffenheit durch die auf der angegriffenen Rechtsnorm beruhenden Maßnahme ist mit einiger Wahrscheinlichkeit zu erwarten
  - -- Noch: Beschwer besteht weiterhin, ist nicht entfallen (☞ beschwerendes Urteil noch nicht aufgehoben); bei Entfallen vor oder während des Verfahrens: RSB überprüfen (s. 84)
- **Unmittelbar** ➲ Eingriff in die Grundrechte des Beschwerdeführers durch den angegriffenen Hoheitsakt, nicht erst durch einen weiteren Vollzugsakt
  - -- Bei Urteilsverfassungsbeschwerden unproblematisch
  - -- Bei Rechtssatzverfassungsbeschwerden:
    - self-executing-Norm: Rechtsfolge ergibt sich ohne weiteren Vollzugsakt aus der Norm selbst
    - EGL für heimliche Maßnahmen, wenn spätere Kenntniserlangung des Betroffenen nicht durch aktive Informationspflicht des Staates rechtlich gesichert ist (☞ Kennzeichenscan)
- **Prüfungsumfang:** bei Urteilsverfassungsbeschwerde genügt schlichte Feststellung (Merkmale offensichtlich erfüllt), bei Rechtssatzverfassungsbeschwerde ausführlich (insbes. gegenwärtig, unmittelbar)

▪ Drittwirkung von Grundrechten
- Insbes. bei Vfb. gegen zivilgerichtliche Urteile
- Nach h.M. anerkannt (obj. Werteordnung), Anwendung bei Auslegung zivilrechtlicher Generalklauseln und unbestimmter Rechtsbegriffe (⚠ im Gutachten konkret benennen!)

Verfassungsbeschwerde – Zulässigkeit (4)

VI. Rechtswegerschöpfung, § 90 II 1 BVerfGG

- Bei **Rechtssatzverfassungsbeschwerden**
  - Gegen Normen im materiellen Sinn: § 47 VwGO, ggf. i.V.m. Landesrecht
  - Gegen Normen im formellen Sinn: kein Rechtsweg, arg. e § 93 III BVerfGG
    ⚠ Kompensation durch Grundsatz der Subsidiarität
- Bei **Urteilsverfassungsbeschwerden**
  - Ausschöpfung aller prozessualer Möglichkeiten mit dem Ziel der tatsächlichen/rechtlichen Aufbereitung durch die Fachgerichtsbarkeit; Durchlaufen des Instanzenzuges (insbes. Berufung, Revision)
  - Ausnahmen, § 90 II 2 BVerfGG
    - -- Allgemeine Bedeutung ➲ Entscheidung lässt Klärung grundsätzlicher verfassungsrechtlicher Fragen erwarten und entscheidet über den Fall des Beschwerdeführers hinaus sachlich gleich gelagerte Fälle
    - -- Schwerer und unabwendbarer Nachteil ➲ besonders intensiver Grundrechtseingriff, der auch bei späterem Erfolg eines Rechtsmittels nicht mehr beseitigt werden könnte, also irreparabel ist

VII. Grundsatz der Subsidiarität

- Herleitung: aus § 90 II 1 BVerfGG (Vfb ist ggü. fachgerichtlichem Rechtsschutz subsidiär)
- Bei **Rechtssatzverfassungsbeschwerden** zur Kompensation der fehlenden Rechtswegerschöpfung
  - Beschwerdeführer muss vor Erhebung der Verfassungsbeschwerde alle zur Verfügung stehenden prozessualen Möglichkeiten ergreifen, um Korrektur der Verfassungsverletzung zu erwirken oder Grundrechtsverletzung zu verhindern
    - -- Insbes. durch Erhebung einer Feststellungs- oder Unterlassungsklage, auch bei Zweifeln über Statthaftigkeit und sonstige Zulässigkeit der Klage

Verfassungsbeschwerde – Zulässigkeit (5)

VII. Grundsatz der Subsidiarität (Fortsetzung)

-- Gilt auch für den Fall, dass konkrete Normenkontrolle nach Art. 100 I GG vom angerufenen Fachgericht eingeleitet wird

⚠ Unterscheidung von Normprüfungskompetenz (alle Gerichte) und Normverwerfungskompetenz (nur das BVerfG)!

– Ausnahmen

-- Streitigkeit wirft allein spezifisch verfassungsrechtliche Fragen auf, ohne dass von einer vorausgegangenen fachgerichtlichen Prüfung verbesserte Entscheidungsgrundlagen zu erwarten wären

-- Angegriffene Regelung zwingt zu gewichtigen Dispositionen, die später nicht mehr korrigiert werden können

-- Anrufung der Fachgerichte ist offensichtlich sinn- und aussichtslos (☞ Klage gegen Norm, die keinen Ermessens- oder Beurteilungsspielraum einräumt)

-- Anrufung der Fachgerichte ist sonst nicht zumutbar (☞ Verstoß gegen Straf- oder Bußgeldnormen)

- Bei der **Urteilsverfassungsbeschwerde** neben Rechtswegerschöpfung anwendbar
  - Alle prozessualen Möglichkeiten ergreifen, um geltend gemachte Verfassungsverletzung in sachnächstem Verfahren zu verhindern/beseitigen (sog. materielle Subsidiarität), insbes. Rechtsbehelfe außerhalb des Instanzenzuges (☞ Anhörungsrüge, § 152 a VwGO, § 321 a ZPO)
  - Verpflichtung zu substantiiertem Vortrag hinsichtlich der möglichen Verfassungsverletzung. Spätestens in letzter Tatsacheninstanz

VIII. Frist, § 93 BVerfGG

- Fristberechnung: Anwendung der §§ 187 ff. BGB als Ausdruck eines allg. Rechtsgedankens (wg. Verweise der anderen Verfahrensordnungen, vgl. §§ 31 I VwVfG, 57 II VwGO, 222 I ZPO)

Verfassungsbeschwerde – Zulässigkeit (6)

VIII. Frist, § 93 BVerfGG (Fortsetzung)

- Urteilsverfassungsbeschwerde
  - 1 Monat ab Zustellung/formloser Mitteilung der vollständigen Entscheidung, § 93 I 2 BVerfGG
  - Ereignisfrist i.S.d. § 187 I BGB ⇨ Fristende nach § 188 II Alt. 1 BGB
- Rechtssatzverfassungsbeschwerde: ⚠ hängt von der Situation infolge Subsidiarität ab
  - Ausnahme von der Subsidiarität (kein fachgerichtl. Rechtsschutz notwendig, s. 82):
    -- 1 Jahr ab Inkrafttreten der Norm, § 93 III BVerfGG
    -- Beginnfrist i.S.d. § 187 II BGB ⇨ Fristende nach § 188 II Alt. 2 BGB
  - Vorrangiger fachgerichtlicher Rechtsschutz: Frist hängt von Entscheidung ab:
    -- Klageabweisung als unbegründet (Sachurteil): Frist nach § 93 I BVerfGG, da Urteils-Vfb
    -- Klageabweisung als unzulässig (Prozessurteil): rechtsschutzfreundliche Auslegung, „Doppelfrist"
      - Fachgerichtlicher Rechtsschutz gegen Gesetz innerhalb eines Jahres nach Inkrafttreten anhängig gemacht (Rechtsgedanke des § 93 III BVerfGG)
      - Erhebung der Rechtssatzverfassungsbeschwerde binnen eines Monats nach Zustellung des (letztinstanzlich) abweisenden Prozessurteils, § 93 I 1 BVerfGG analog

IX. Form, §§ 23, 92 BVerfGG

- Schriftform, § 23 I 1 BVerfGG: (hand- oder maschinen-)schriftlich verfasstes und eigenhändig unterschriebenes, körperliches Schriftstück
- Begründung: Angabe der Handlung/Unterlassung, durch die sich Beschwerdeführer verletzt fühlt, § 92 BVerfGG

Verfassungsbeschwerde – Zulässigkeit (7)

X. Rechtsschutzbedürfnis

- Vorliegen eines Rechtsschutzbedürfnisses ist grds. durch Vorliegen der übrigen Zulässigkeitsvoraussetzungen nachgewiesen – grds. keine besondere Prüfung erforderlich!
- Ausnahmsweise kein (indiziertes) Rechtsschutzbedürfnis
  - Entgegenstehende Rechtskraft als Prozesshindernis
    - Zuvor Entscheidung des BVerfG in der Angelegenheit ergangen
    - Entscheidungen des EGMR bzw. Gerichtshofs der Europäischen Union stehen nicht entgegen
    - Rückausnahme: Änderung der maßgeblichen Umstände
  - Angefochtener Akt der öffentlichen Gewalt entfaltet keine Beschwer mehr
    - Insbes. bei Fällen von Erledigung
    - Rückausnahme: fortbestehendes Rechtsschutzbedürfnis in Form eines besonderen Feststellungsinteresses, anerkannt bei:
      - Wiederholungsgefahr
      - Beseitigung einer fortwirkenden Beeinträchtigung
      - tiefgreifenden und folgenschweren Grundrechtseingriffen, bei denen sich die direkte Belastung auf eine Zeitspanne beschränkt, in welcher nach regelmäßigem Geschäftsgang keine Entscheidung des BVerfG erlangt werden kann
      - Rehabilitierungsinteresse

    ⚠ Übertragung der Fallgruppen zum Fortsetzungsfeststellungsinteresse i.S.d. § 113 I 4 VwGO, vgl. dazu VwGO!

Verfassungsbeschwerde – Begründetheit

Rechtssatzverfassungsbeschwerde

Verletzung von Grundrechten / grundrechtsgleichen Rechten durch die angegriffene Norm

- Freiheitsgrundrechte: Prüfungsaufbau s. 8 f.
- Gleichheitsgrundrechte: Prüfungsaufbau s. 70 f.
- Grundrechtsgleiche Rechte

Urteilsverfassungsbeschwerde

Verletzung von Grundrechten / grundrechtsgleichen Rechten durch die angegriffene(n) Entscheidung(en)

- Prüfungsumfang: BVerfG ist keine Superrevisionsinstanz
  - Keine Überprüfung des einfachen Rechts
  - Nur Prüfung der Entscheidung auf Verletzung spezifischen Verfassungsrechts
- Spezifische Verfassungsverletzung
  - Normfehler: vom Gericht angewendete Norm verletzt Grundrechte / grundrechtsgleiche Rechte, Aufbau wie Rechtssatz-VfB (s.o.)
  - Anwendungsfehler: Anwendung der Norm verletzt Grundrechte / grundrechtsgleiche Rechte
    - Anwendungsdefizit: Grundrechtsschutz wurde bei der Anwendung einfachen Rechts gänzlich übersehen
    - Fehlbewertung: Schutzbereich, Schranken oder VHMK durch das Gericht wesentlich verkannt
    - Verletzung von Justizgrundrechten bei der Urteilsfindung